Nadine Roßa

SKETCHNOTES

Die große SYMBOL-BIBLIOTHEK

BAND 2

INHALT

Hallo

Der erste Band der Symbolbibliothek ist erschienen, weil ich in der Arbeit mit meinen **Sketchnotes** (*Sketchnotes = Visuelle Notizen*) und während meiner Workshops gemerkt habe, dass Teilnehmer*innen zwar die Idee des simplen Aufbaus von Symbolen verstehen, sich aber schwer tun, diese auch umzusetzen.

Im Grunde ist es ja so: Wenn man sicher im Zeichnen werden will, dann muss man die *»Vokabeln«* können – wie bei jeder Sprache auch. In diesem Fall sind das dann **Bildvokabeln** und ja, das kann man lernen.

So entstand der *erste Band der Symbolbibliothek*, der Anleitungen für viele Themenbereiche enthielt: Von klassischen **Business-Symbolen**, über **Essen, Alltäglichem** bis hin zu **Figuren**.

Damals dachte ich zunächst, ich würde die Seitenzahl für das Buch gar nicht vollbekommen. Das war weit gefehlt – am Ende bekam ich gar nicht alles von meiner Liste unter und die erste Symbolbibliothek war daher immer ein bisschen *»unfertig«* für mich.
Aber das ändert sich nun, denn dieser zweite Band enthält alles, was damals keinen Platz fand und noch viel, viel mehr.

Deswegen funktioniert dieses Buch ähnlich wie das erste: Es gibt **viele Wege etwas zeichnen**: Manchmal muss es schnell gehen, manchmal hat man Zeit und Muße für komplexere Zeichnungen, die oft detailreicher sind oder eine andere Perspektive haben.
Weil das aber nicht immer so ist, unterscheidet sich dieses Buch ein bisschen vom ersten. Auf manchen Seiten gibt es daher *»nur«* einfache Zeichenanleitungen, dafür aber viele Beispiele, wie du sie einsetzen kannst.

Viel Spaß!

Die große Symbolbibliothek
Band 1
ISBN: 978-3-7724-8389-9
160 Seiten

So benutzt du dieses Buch

Du suchst ein bestimmtes Symbol? Dann schau im INDEX am Buchende nach!

Die einfache Version ist für schnelles Zeichnen gedacht. Sie legt den Fokus auf wenige Details und einfache FORMEN

Hier siehst du, wofür du ein SYMBOL in Sketchnotes, Flipcharts & Co. verwenden kannst

Hier siehst du immer, in welchem KAPITEL du bist.

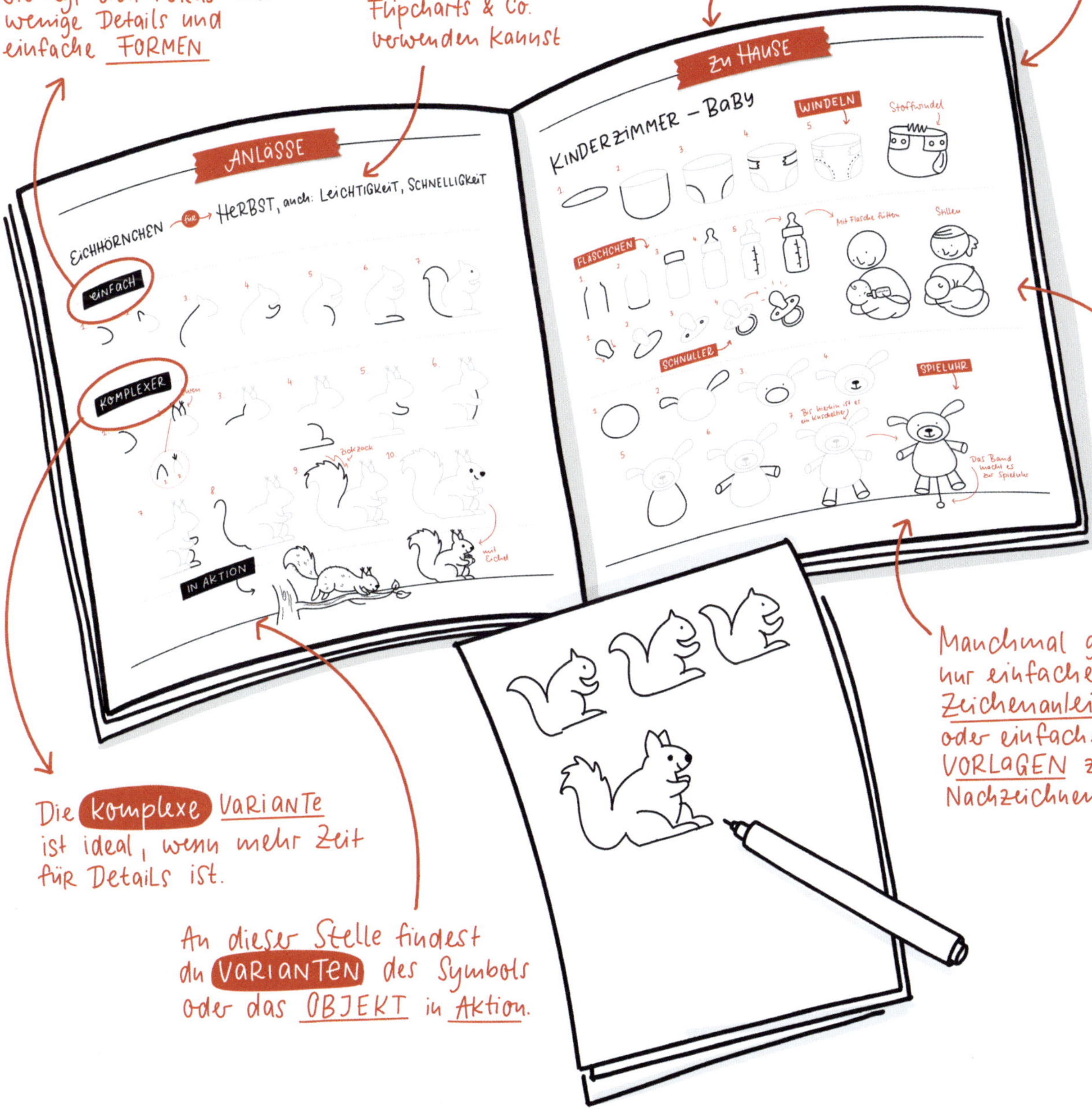

Manchmal gibt es nur einfache Zeichenanleitungen oder einfache VORLAGEN zum Nachzeichnen.

Die komplexe Variante ist ideal, wenn mehr Zeit für Details ist.

An dieser Stelle findest du VARIANTEN des Symbols oder das OBJEKT in Aktion.

So erweiterst du deine visuelle Symbolbibliothek

Damit du deine Bildvokabeln trainieren kannst, brauchst du nur nur Papier und Stift. Ähnlich wie bei richtigen Vokabeln musst du sie ein paar mal sprechen und schreiben, um sie zu lernen. In unserem Fall ist das dann zeichnen.

So geht's:
Nimm dir deine Bildvokabel vor und zeichne sie mehrfach nach (1). Versuche dabei den Aufbau zu verstehen (2) und wenn das klappt, versuch es mal aus dem Kopf (3).
Es kann hilfreich sein, Symbole mehrfach auf ein Blatt zu zeichnen bis sie sitzen. So trainierst du dein Muskelgedächtnis.

Kleiner Tipp: Wenn dir in diesem Band bestimmte Symbole fehlen, dann schau unbedingt im ersten Band nach. Das meiste findest du dort. Wie auch beim ersten Band schon erhebe ich hier keinen Anspruch auf Vollständigkeit.
Drin ist, was ins Buch passt.

MEDIZIN

KÖRPER & ORGANE ÜBERSICHT

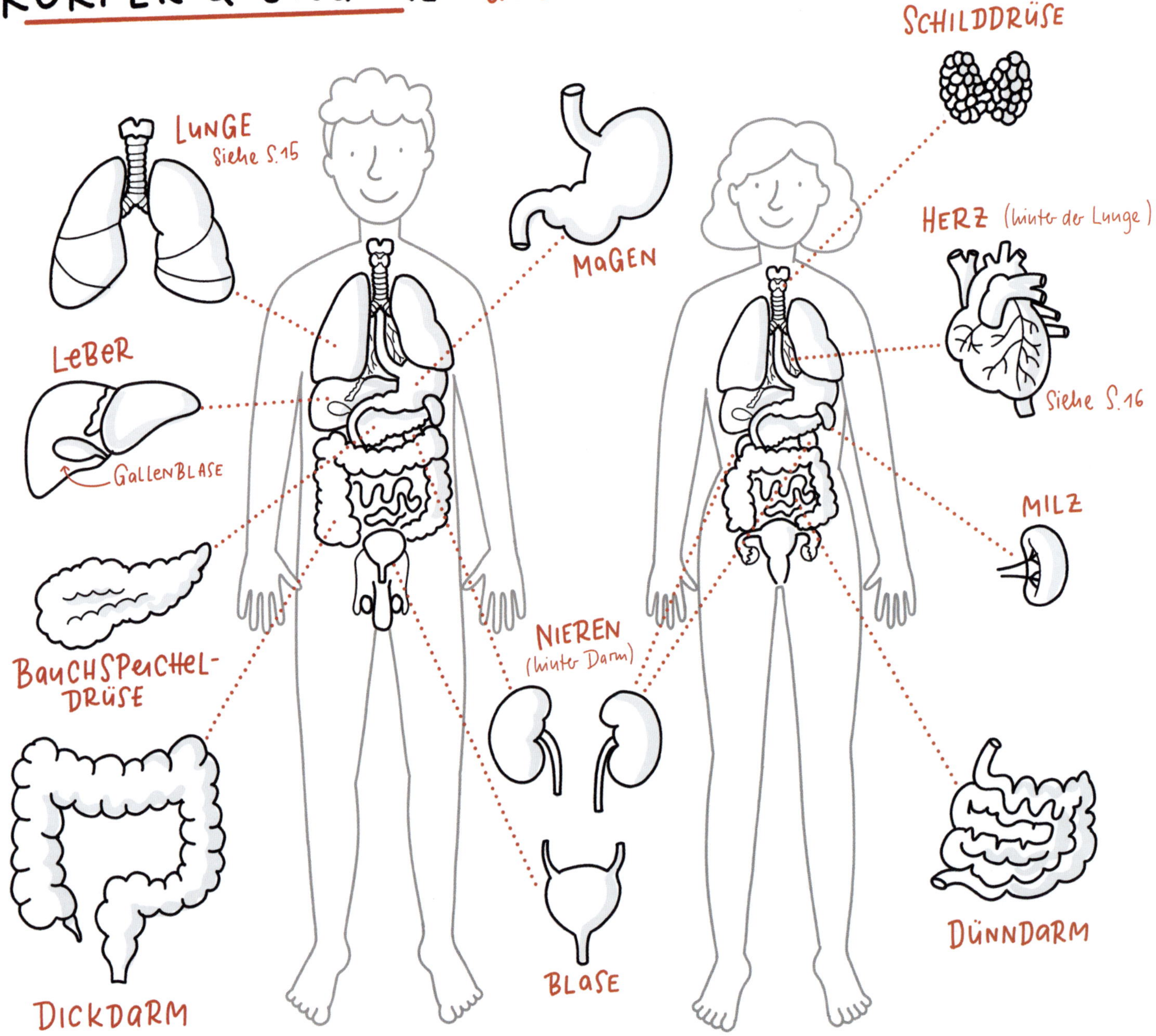

KÖRPER & SKELETT

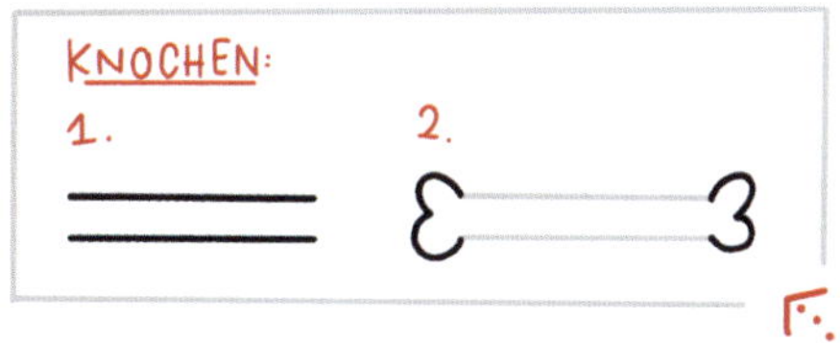

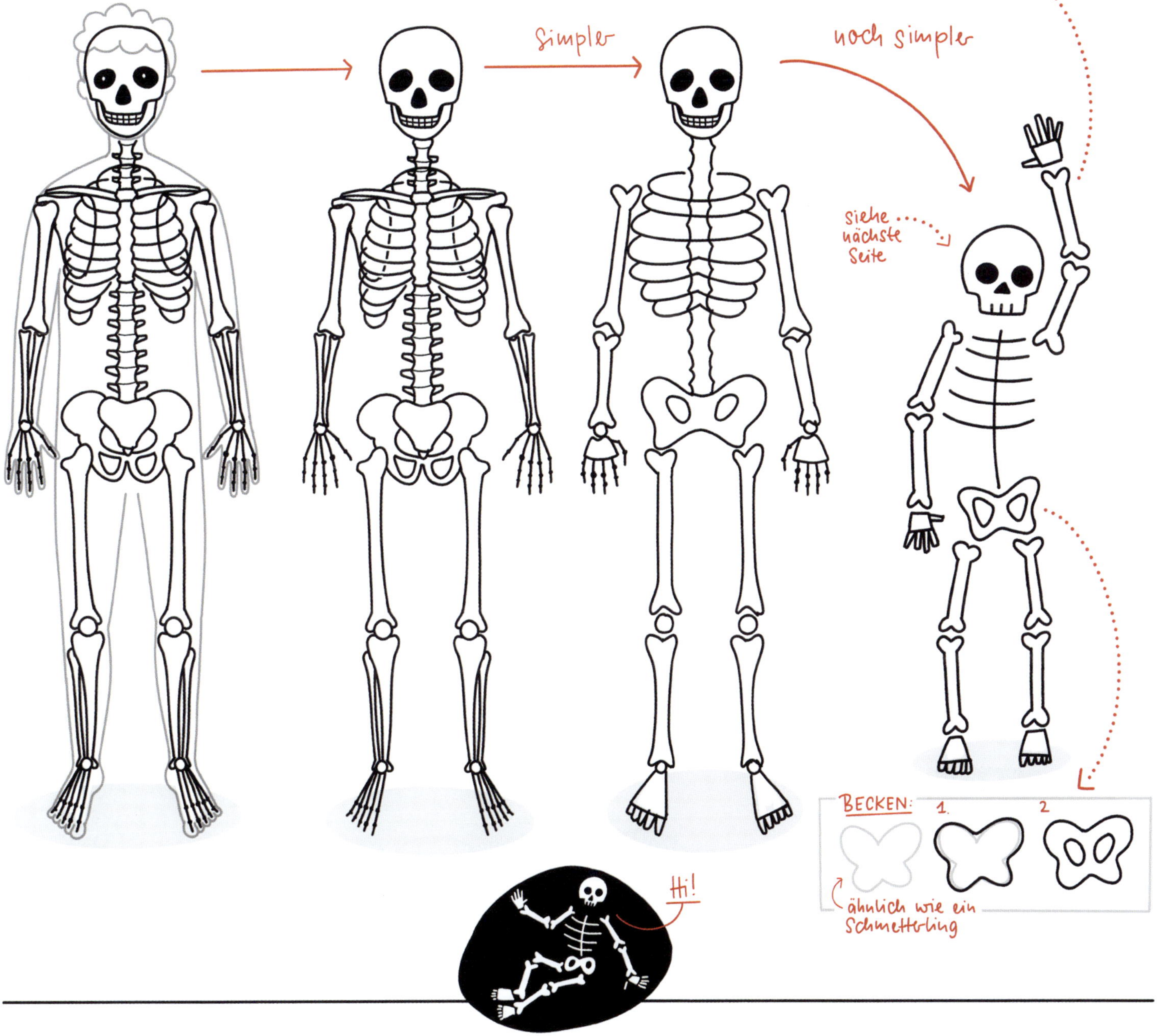

MEDIZIN

TOTENKOPF → für → Gift, giftig, Gefahr, Tod, Grusel

einfach

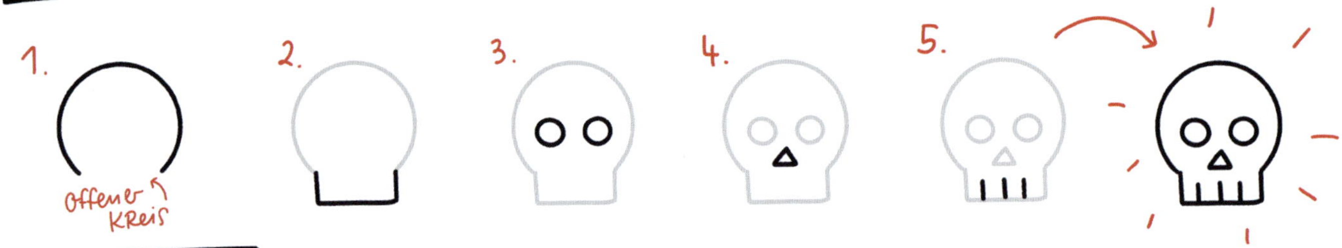

Komplexer

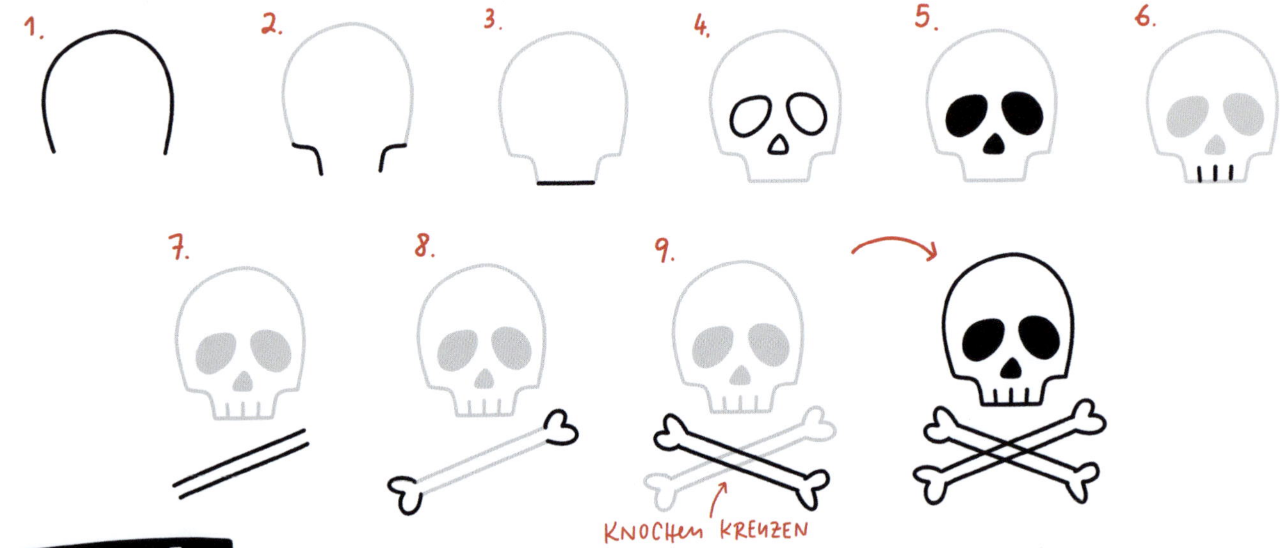

Varianten

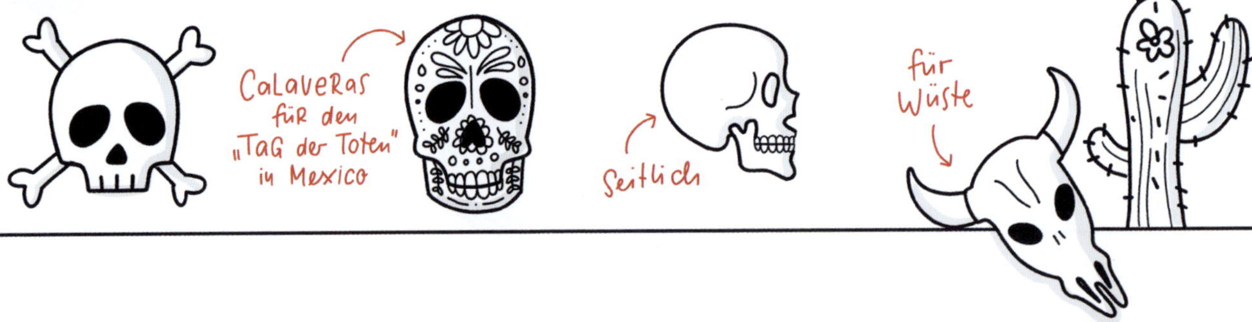

MEDIZIN

LUNGE für ATMEN

einfach

KOMPLEXER

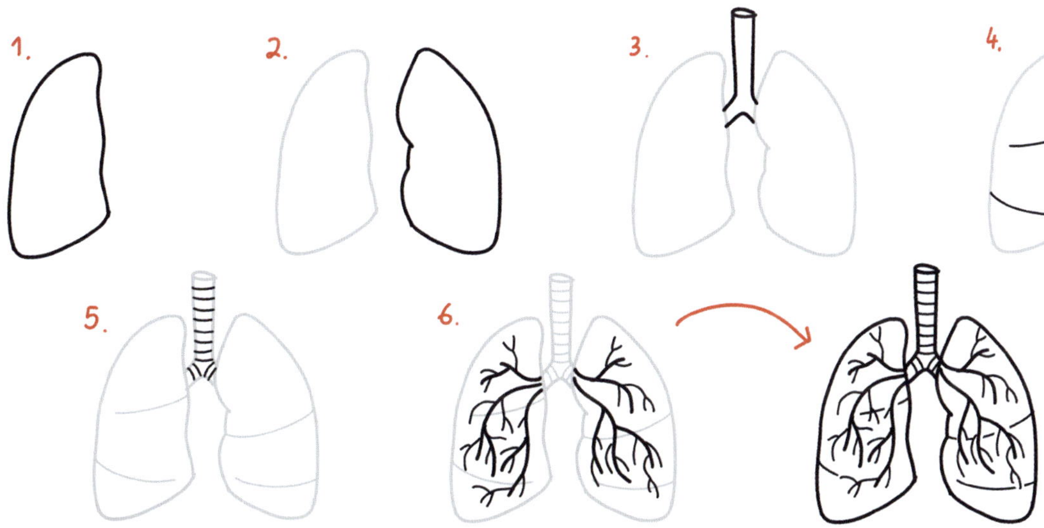

VARIANTEN

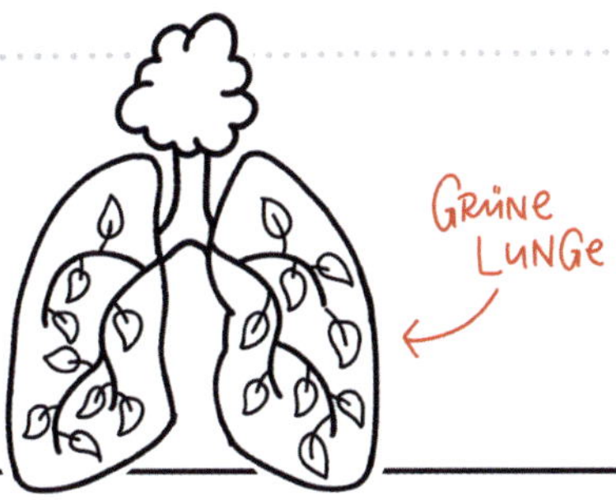

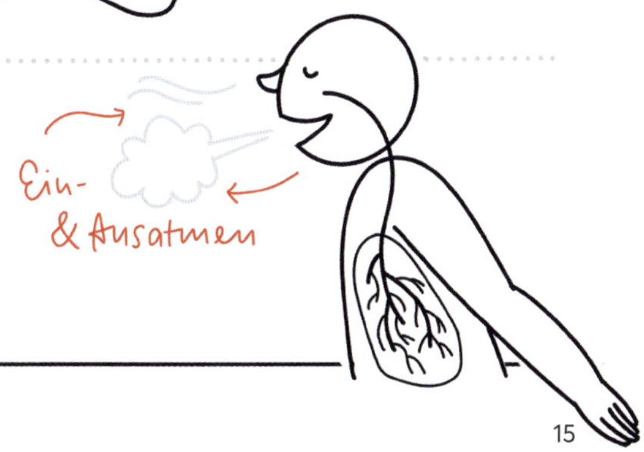

MEDIZIN

HERZ → für → Leben, symbolisch: Liebe ♥, auch: Sitz der Seele

EINFACH

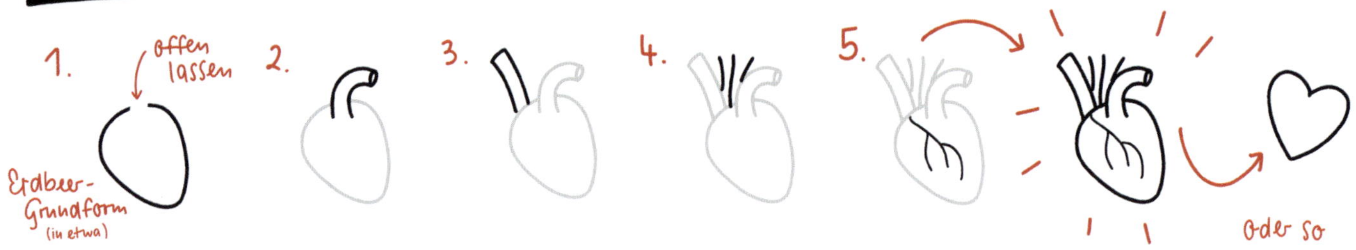

KOMPLEXER

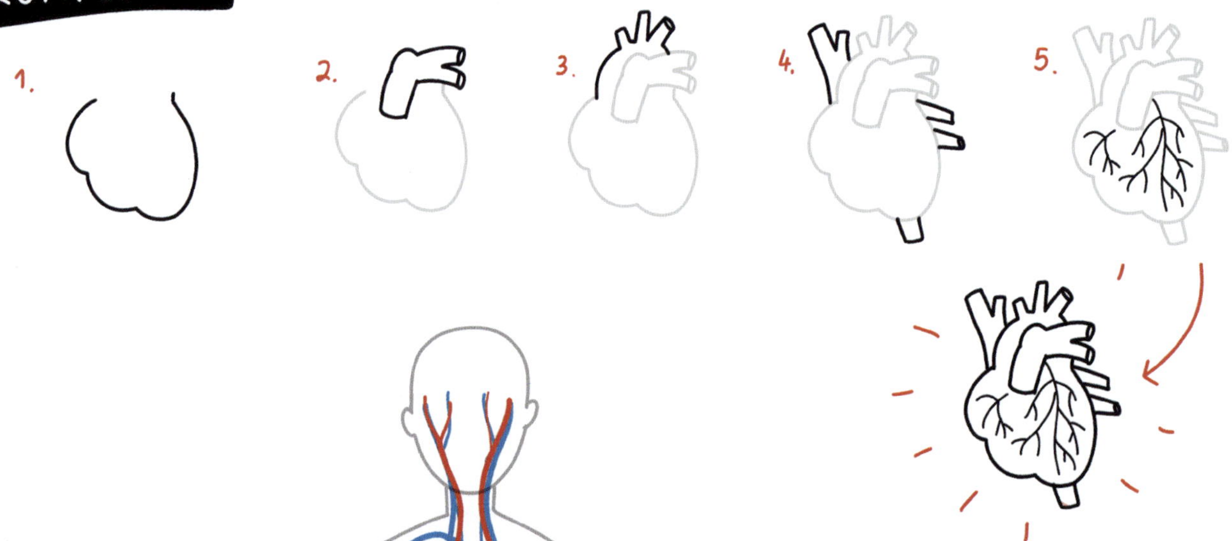

IN VERWENDUNG

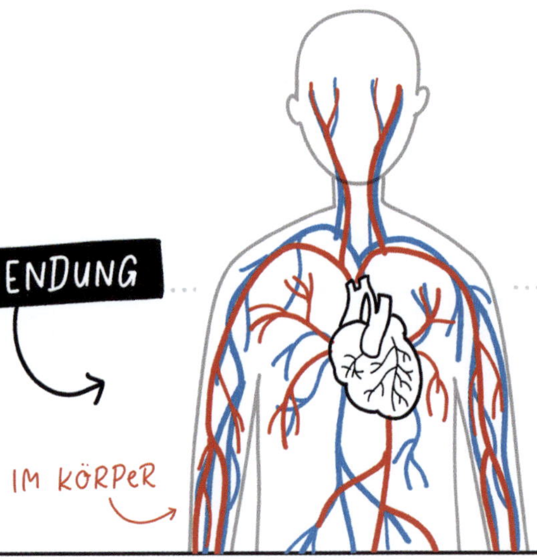

MEDIZIN

CORONAVIRUS → für → na ja: Pandemie

einfach

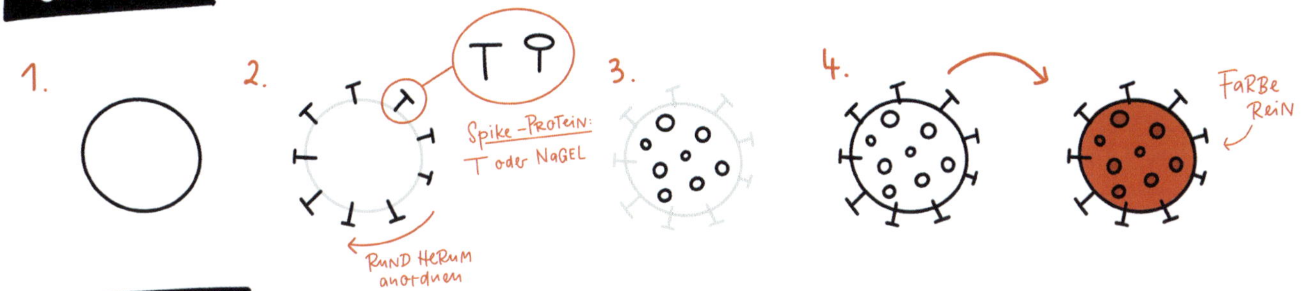

KOMPLEXER

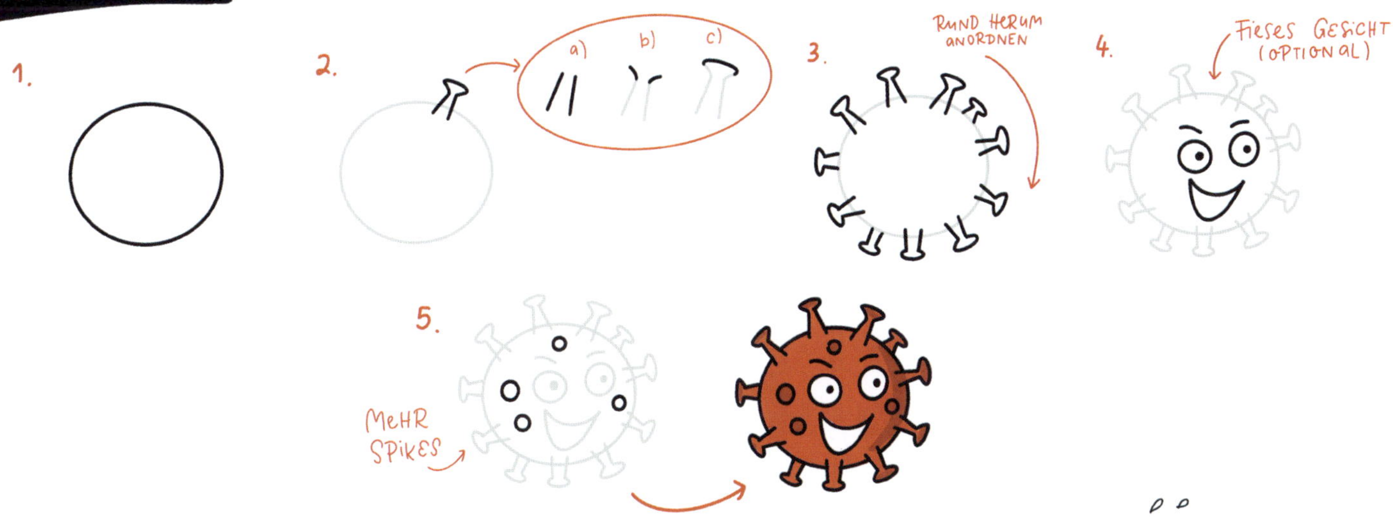

IN VERWENDUNG

Alles rund um Corona

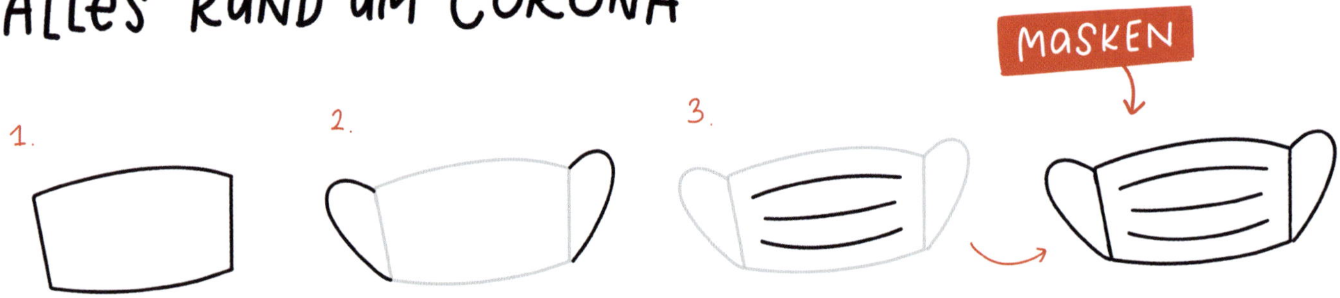

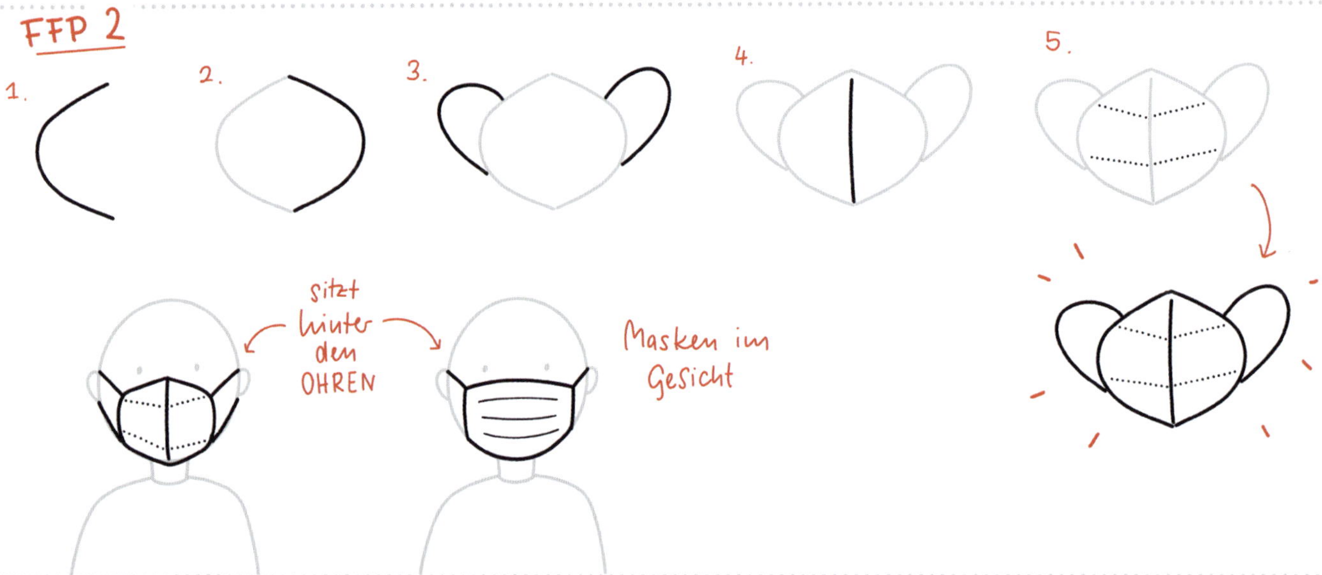

KRANK SEIN

KRANK SEIN

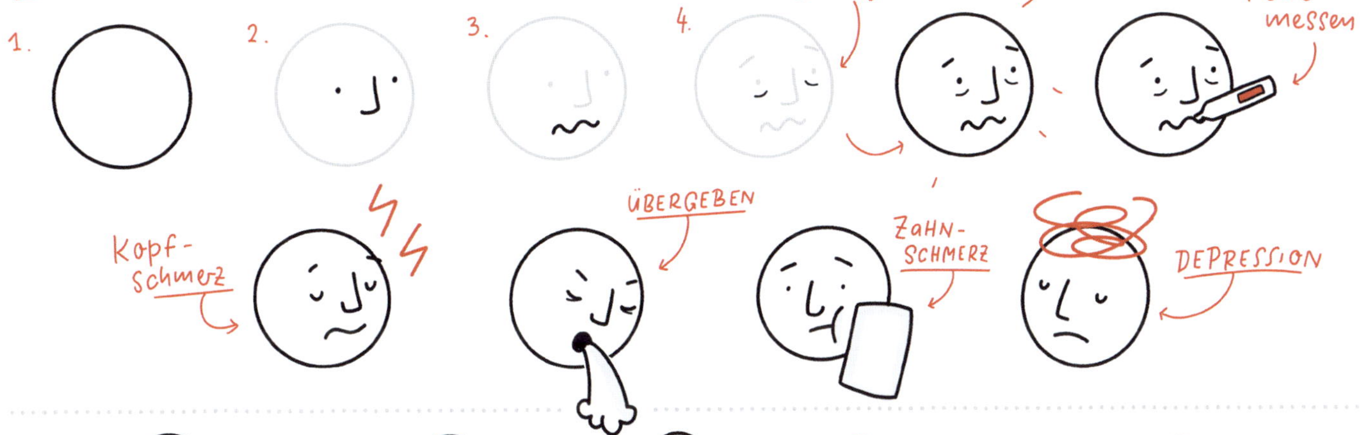

SONSTIGES

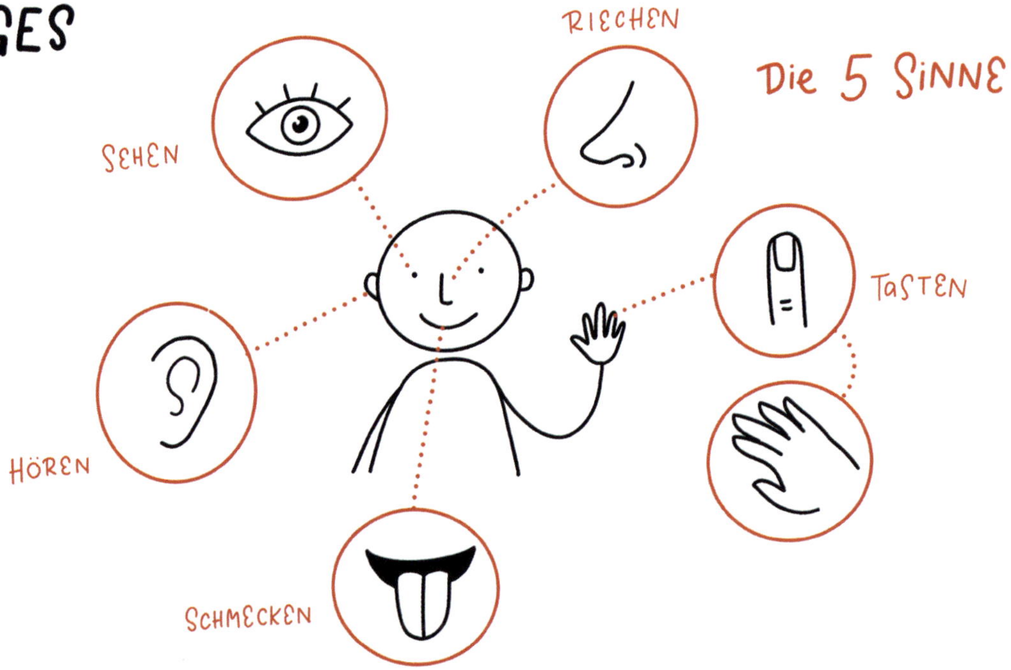
Die 5 SINNE
SEHEN
RIECHEN
TASTEN
HÖREN
SCHMECKEN

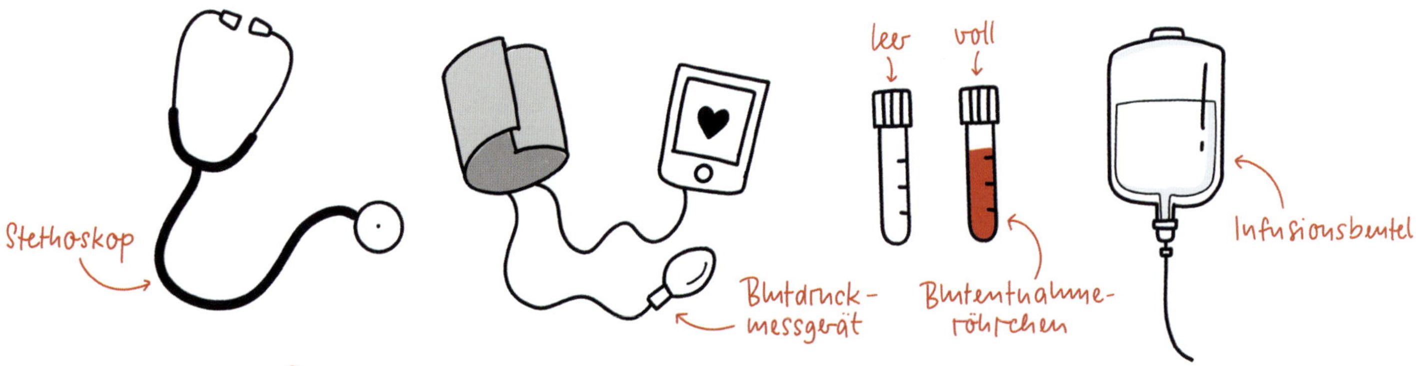
Stethoskop
Blutdruck-
messgerät
leer
voll
Blutentnahme-
röhrchen
Infusionsbeutel

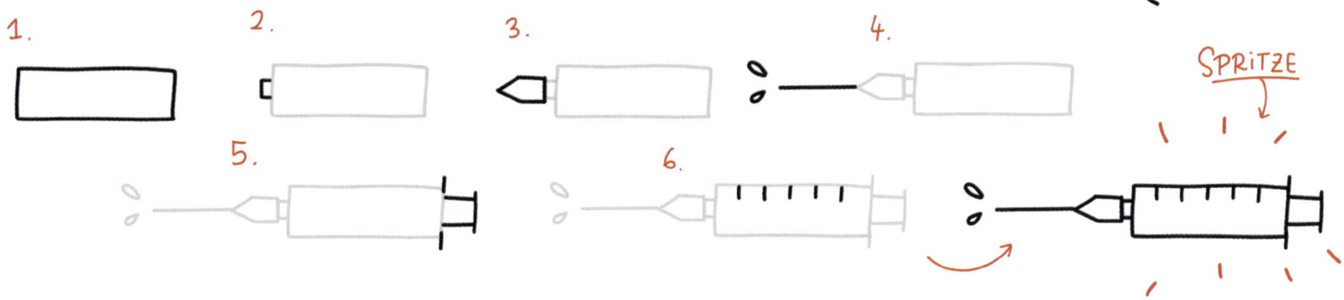
1.
2.
3.
4.
5.
6.
SPRITZE

MEDIZIN

PHARMAZIE

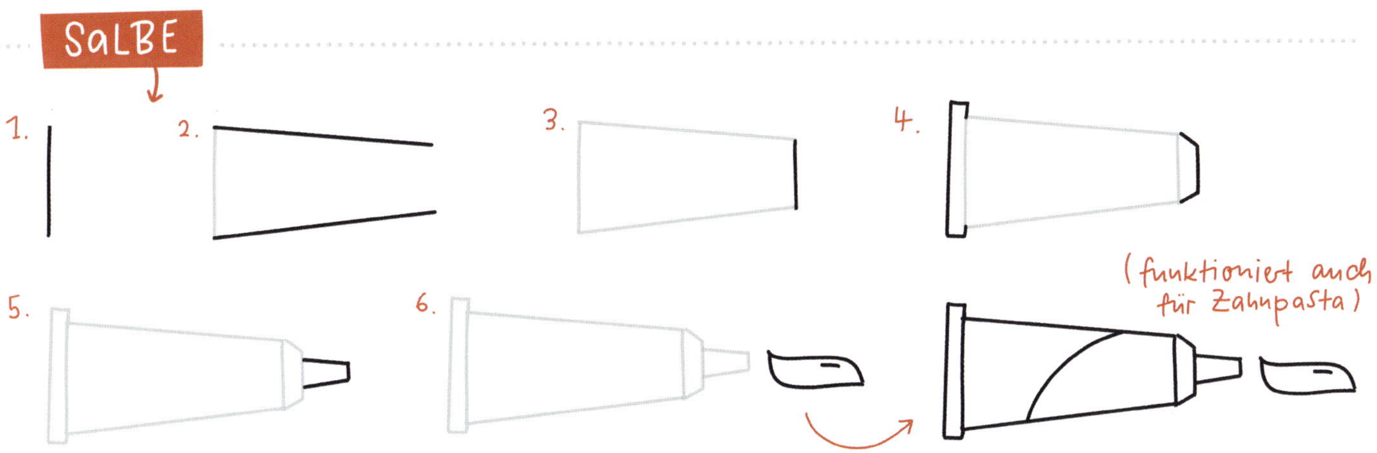

Anlässe & Saisonales

ANLÄSSE

GEBURTSTAG

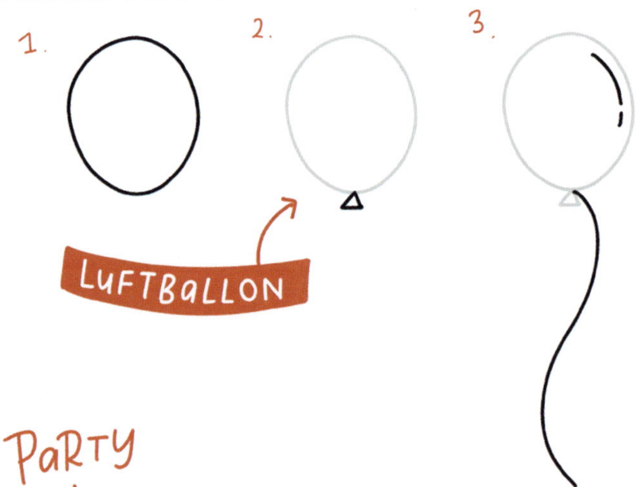

ANLÄSSE

SEKT / CHAMPAGNER → für → (Geburtstag) feiern, ERFOLG

einfach

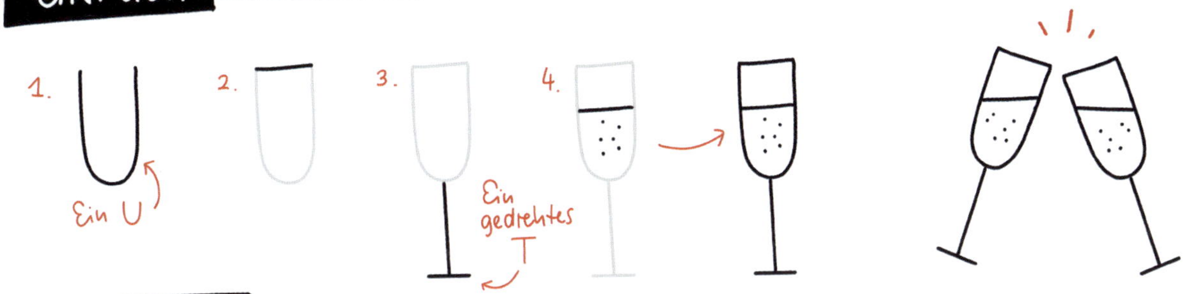

KOMPLEXER

ALTERNATIVEN

ANLÄSSE

BLUMENSTRAUß

GESCHENK

ANLÄSSE

CUPCAKES & MUFFINS

GEBURTSTAGSKUCHEN

PIÑATA → für → Kindergeburtstag feiern

einfach

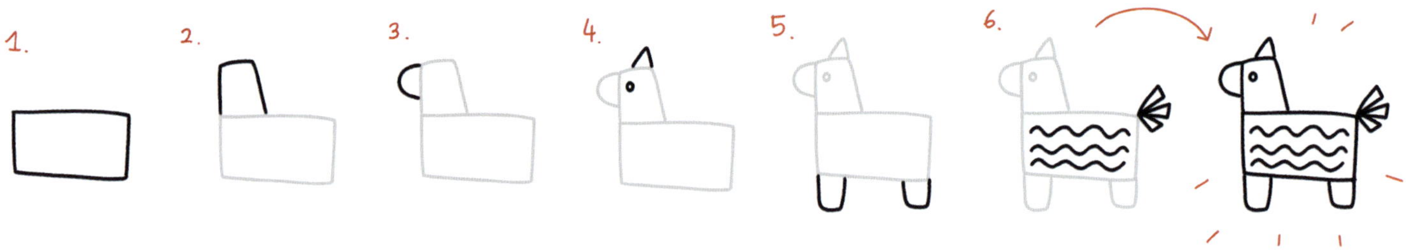

KOMPLEXER

IN AKTION

EINLADUNG gestalten

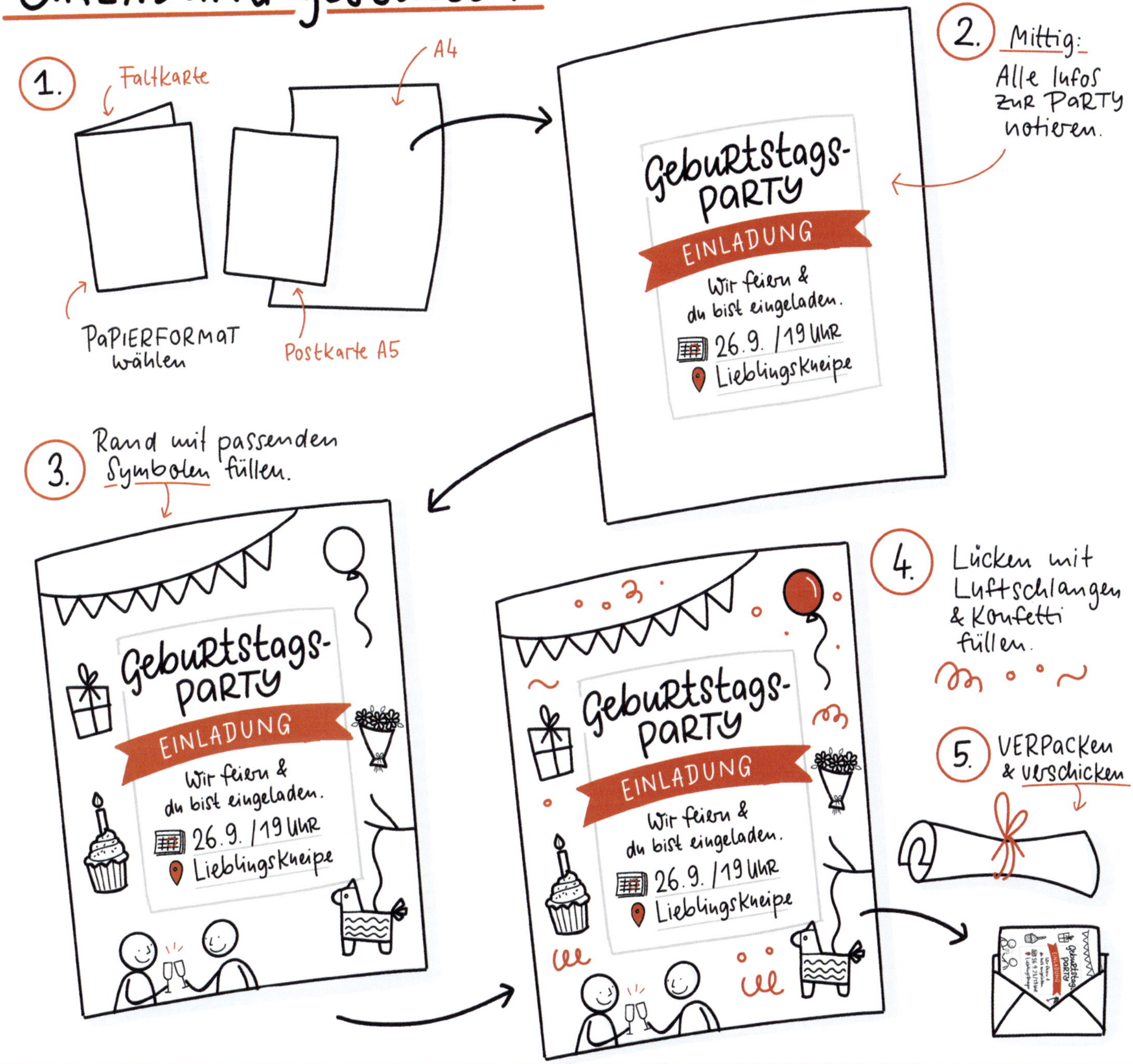

JAHRESZEITEN

FRÜHLING

SCHNEEGLÖCKCHEN

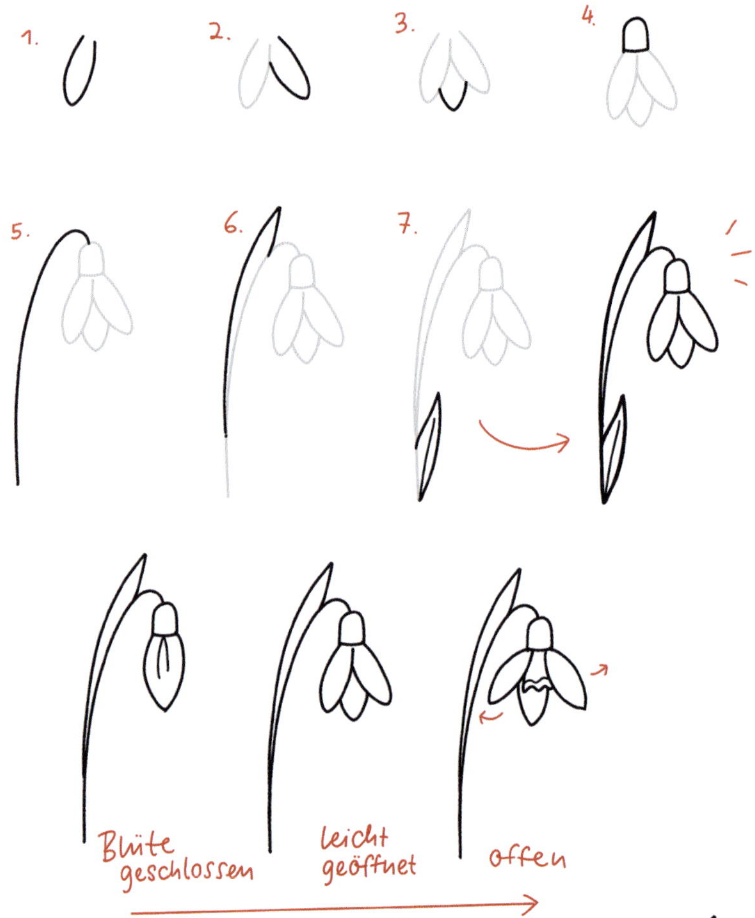

KROKUS

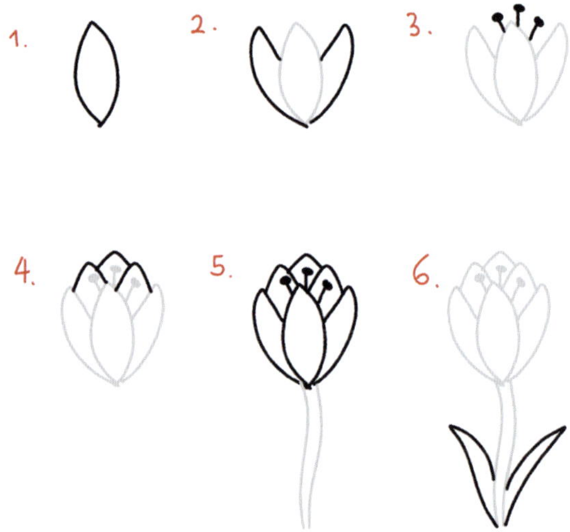

JAHRESZEITEN

FRÜHLING

OSTERGLOCKEN/ NARZISSEN

ANLÄSSE

MARIENKÄFER → für → Glück, auch: Frühling

einfach

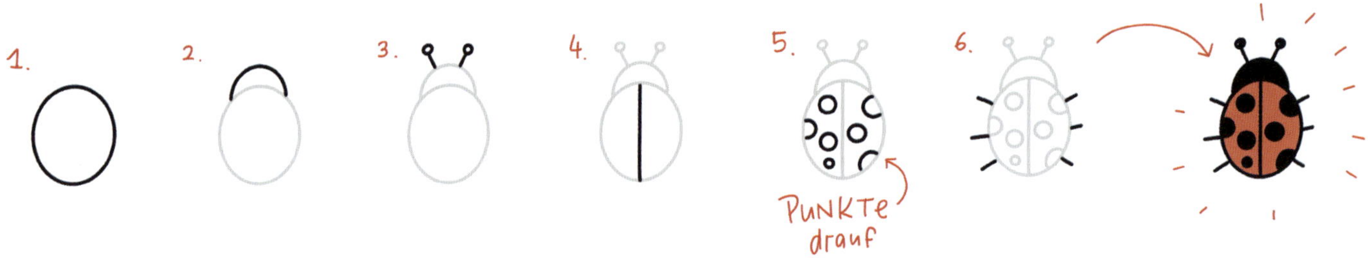

KOMPLEXER

IN AKTION

SCHMETTERLING → für → Frühling, Metamorphose, auch: Seele

einfach

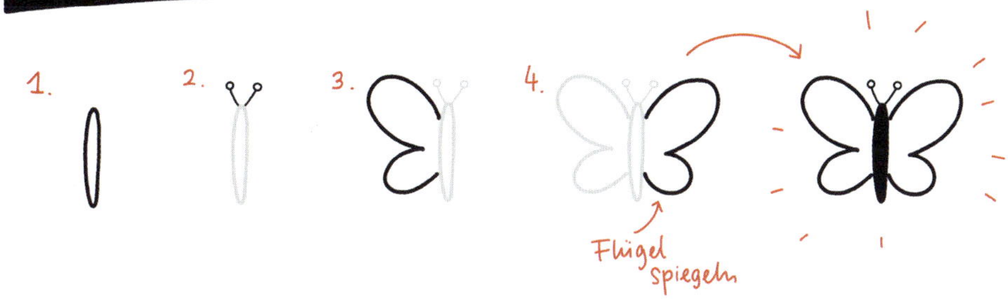

KOMPLEXER

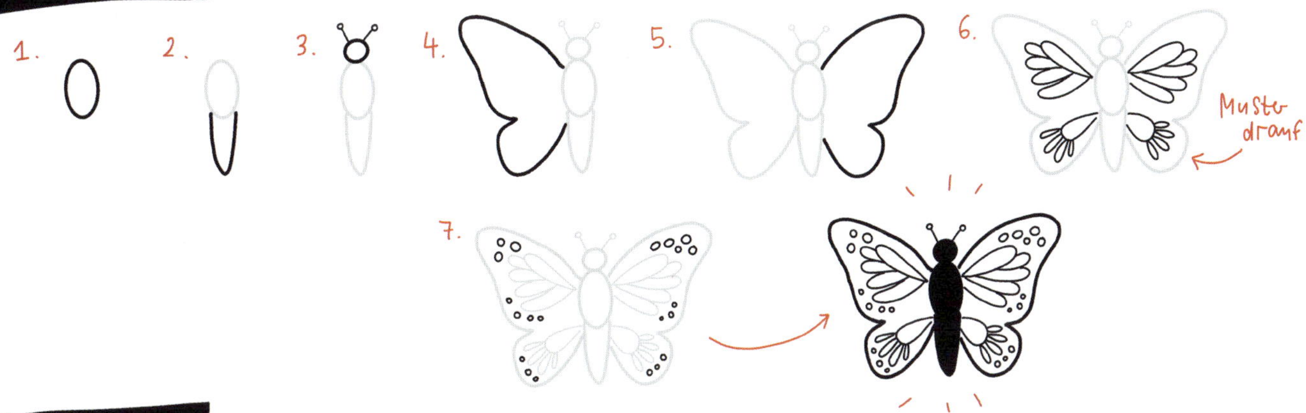

VARIANTEN

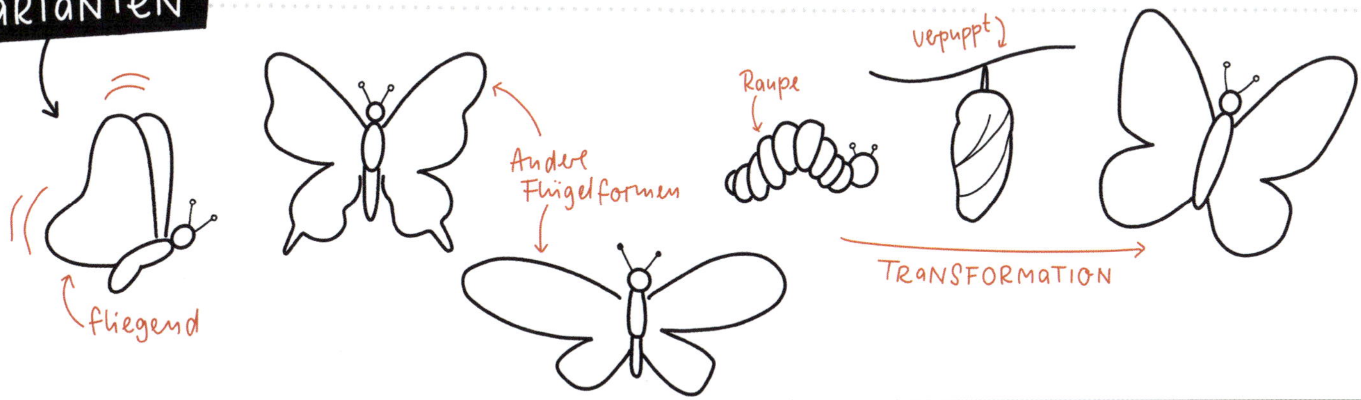

JAHRESZEITEN

FRÜHLING → OSTERN

Ostereier

Eier sind oben spitz

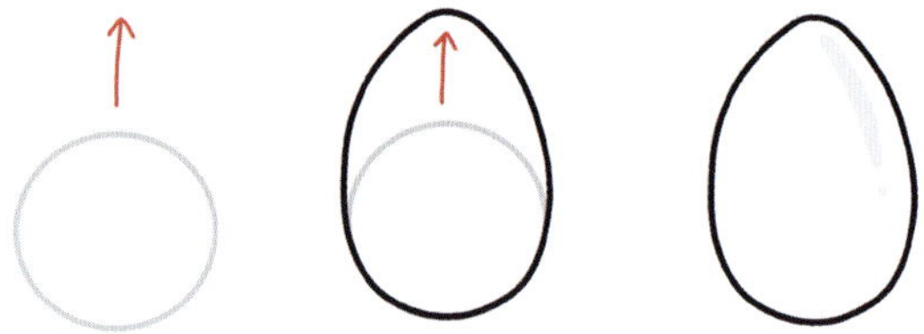

Und dann: Bemalen!

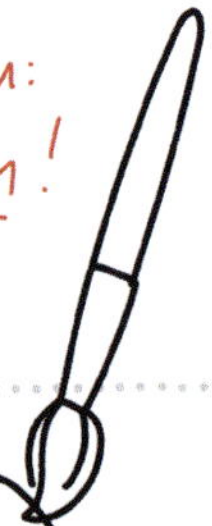

⚠ WICHTIG: Nicht verzweifeln! Symmetrische Eier zu zeichnen, ist quasi unmöglich. ☹

Osterkorb

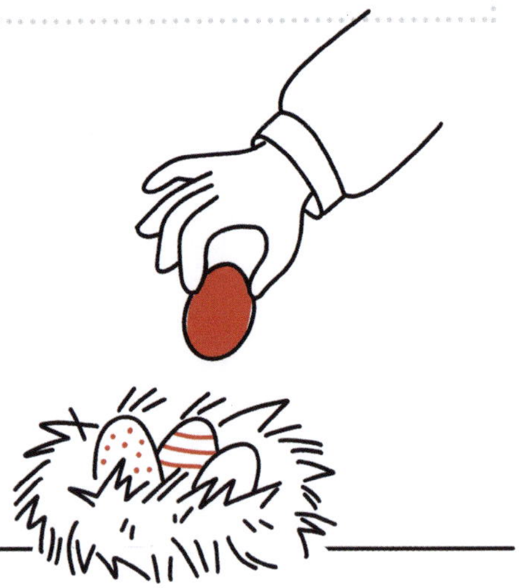

JAHRESZEITEN

FRÜHLING → OSTERN

OSTERHASE

Jahreszeiten

SOMMER

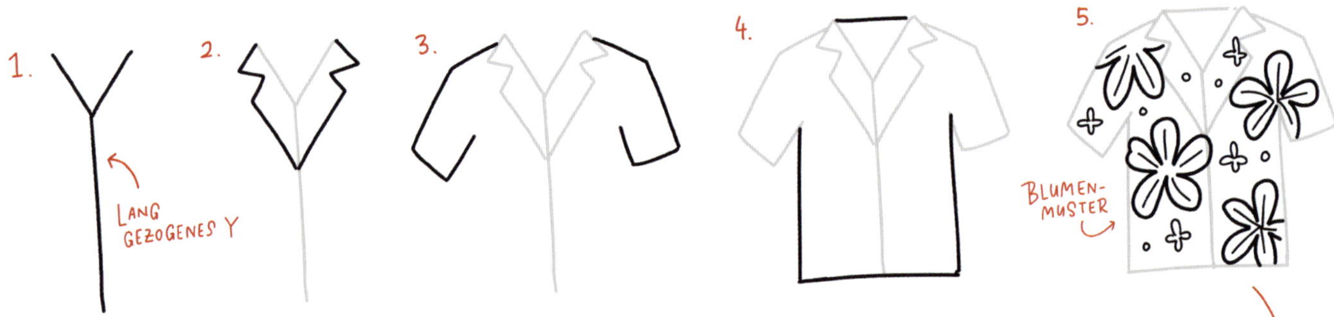

ANLÄSSE

SONNENHUT
1.
Welle
2.
3.
4.
1.
Zwei Dreiecke
2.
3.
BIKINI
Mehr SOMMER SYMBOLE gibt es in BAND 1
1.
2.
ODER
1.
2.
3.
LUFTMATRATZE
1.
2.
3.
4.
5.
3x wiederholen
Strand-
kleid

Jahreszeiten

HERBST

BLÄTTER

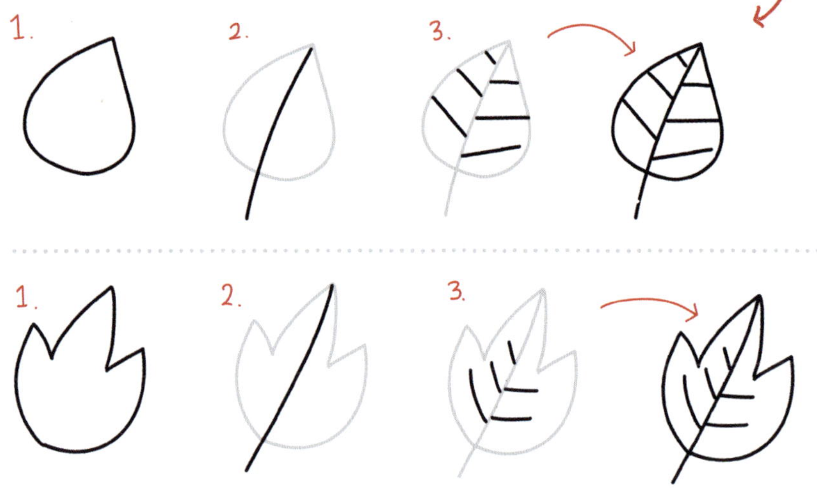

AHORNBLATT

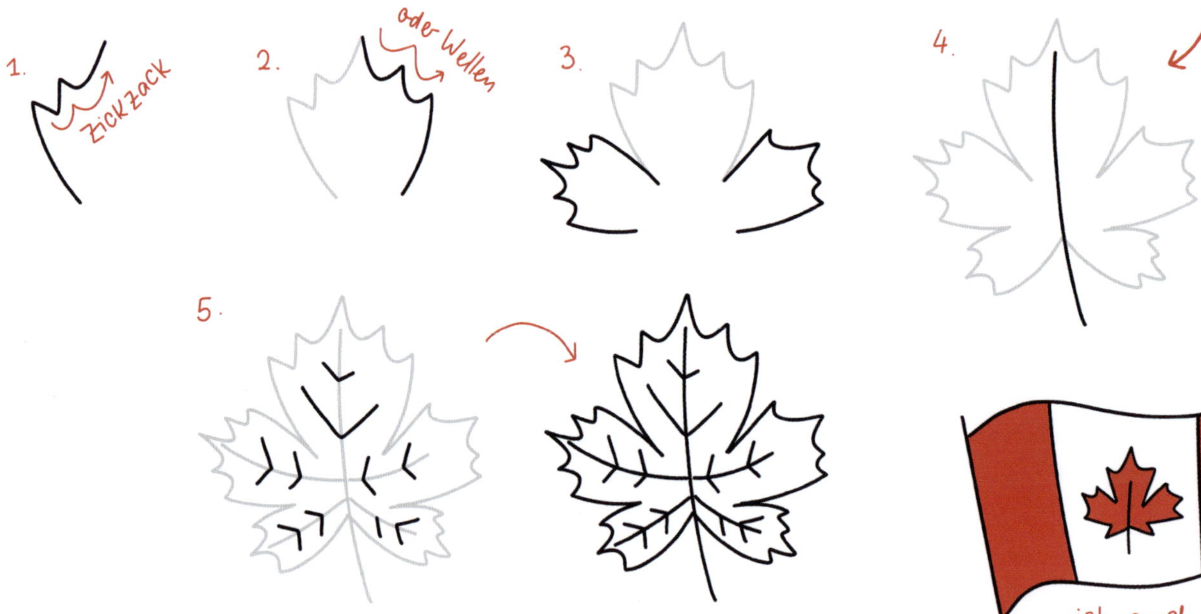

ANLÄSSE

1.
2.
3.
EICHENBLATT

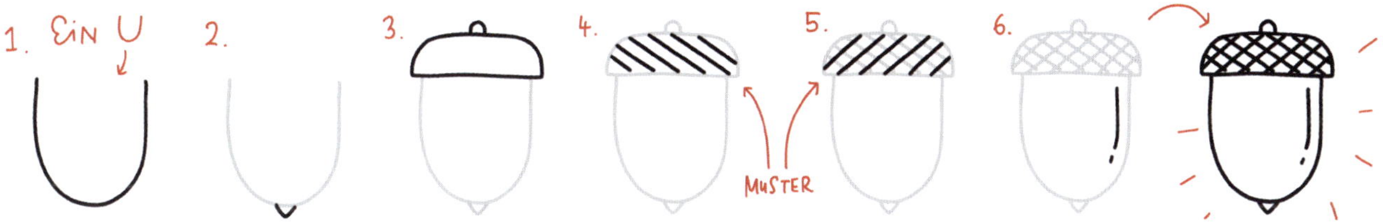
1. Ein U
2.
3.
4.
5.
6.
MUSTER

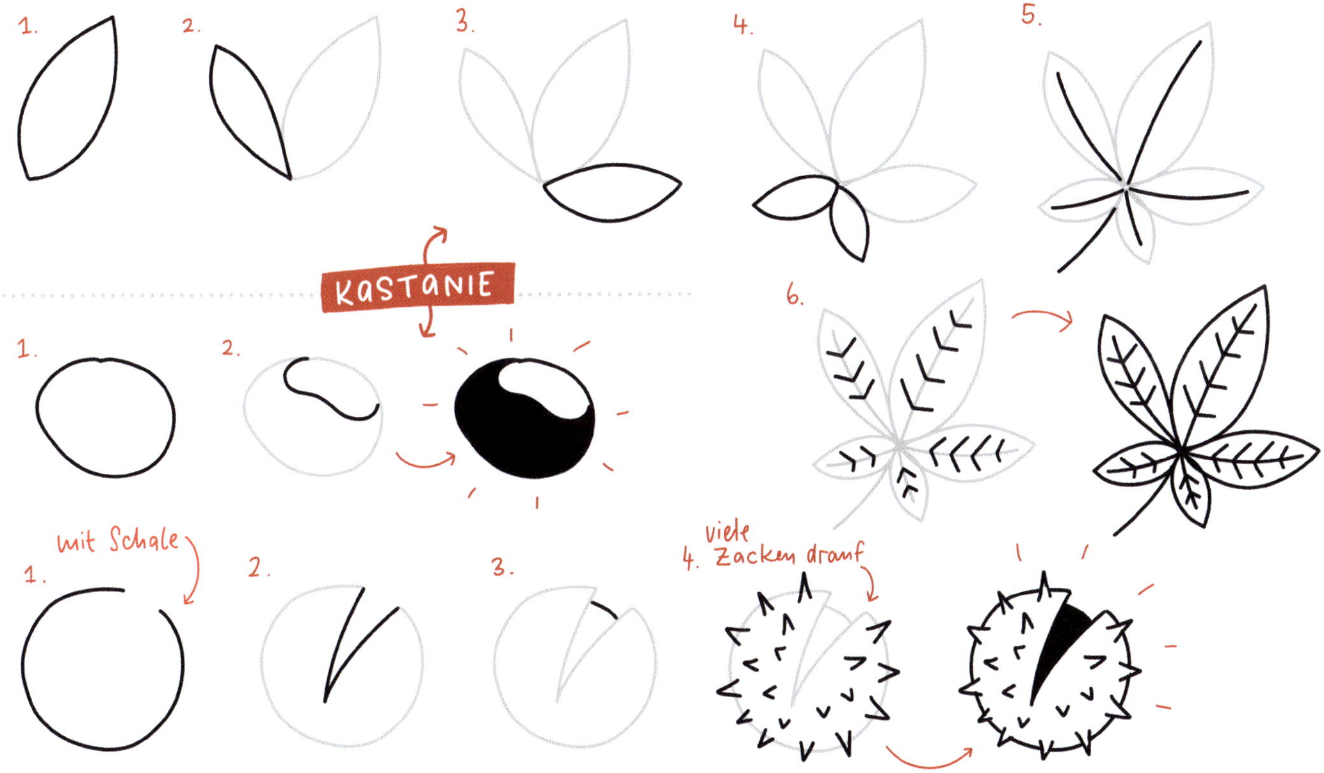
1.
2.
3.
4.
5.
6.
KASTANIE
1.
2.
mit Schale
1.
2.
3.
viele
4. Zacken drauf

ANLÄSSE

EICHHÖRNCHEN → für → HERBST, auch: LEICHTIGKEIT, SCHNELLIGKEIT

einfach

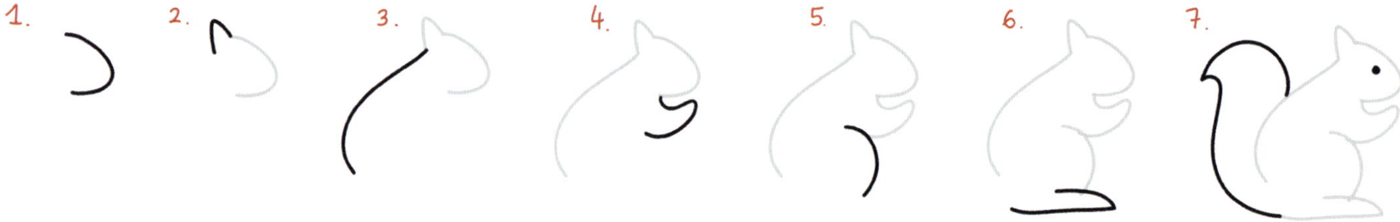

KOMPLEXER

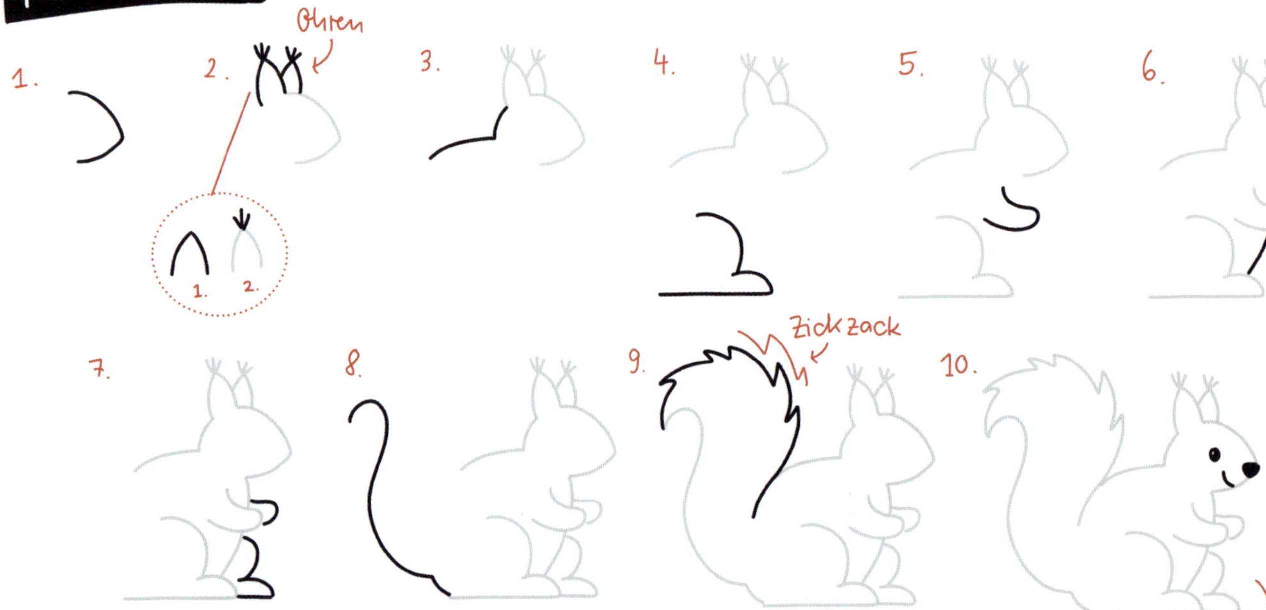

IN AKTION

ANLÄSSE

IGEL für HERBST

einfach

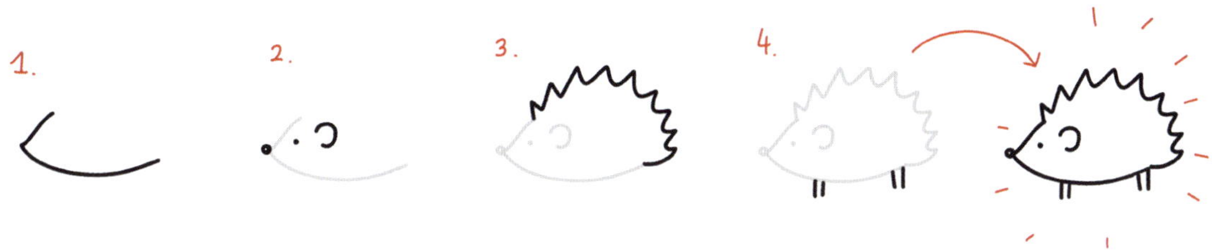

KOMPLEXER

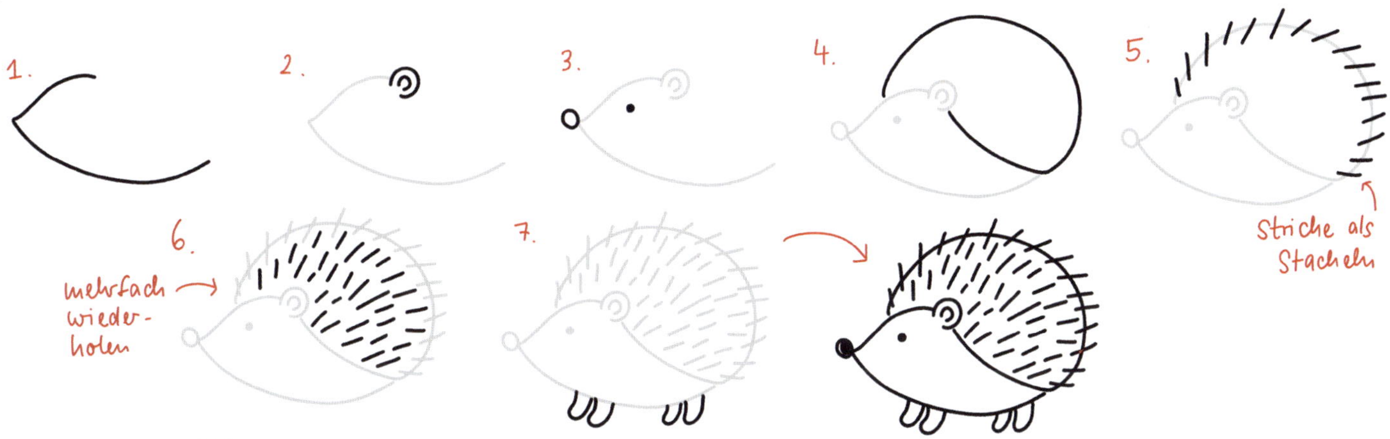

IN AKTION

Anlässe

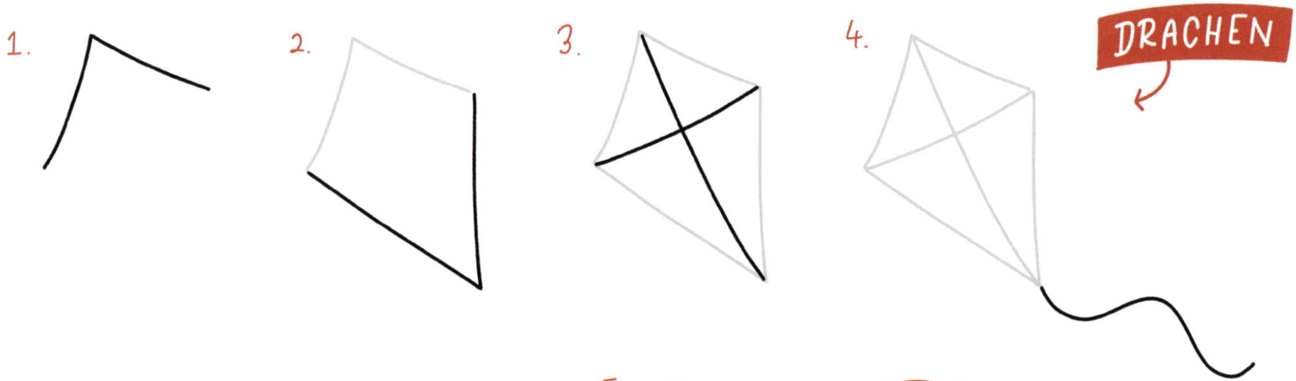

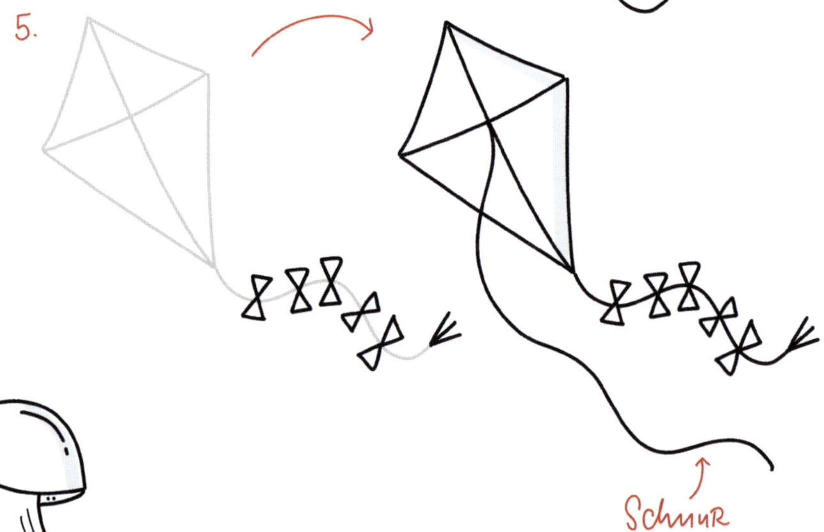

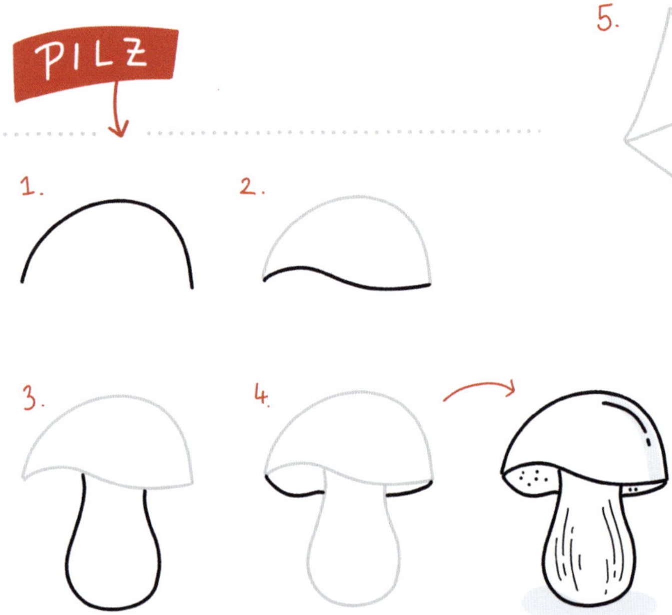

JAHRESZEITEN

HERBST → HALLOWEEN

SPINNE

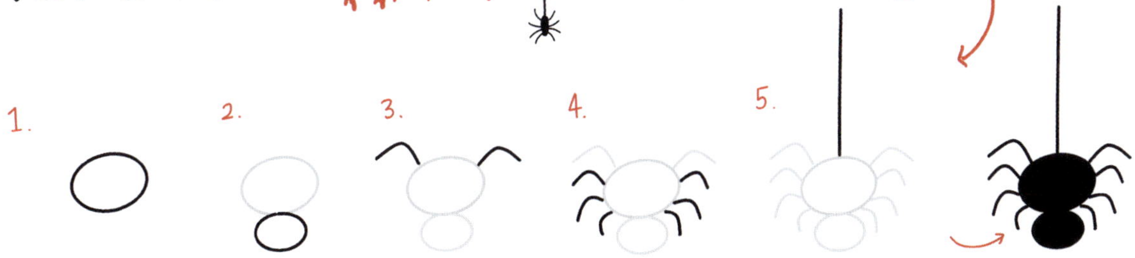

SPINNENNETZ

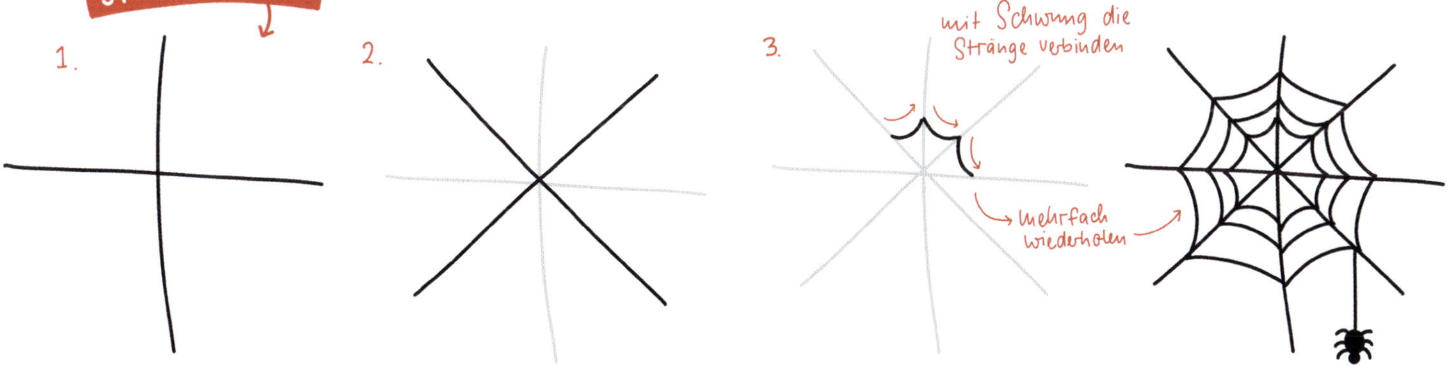

HEXENHUT

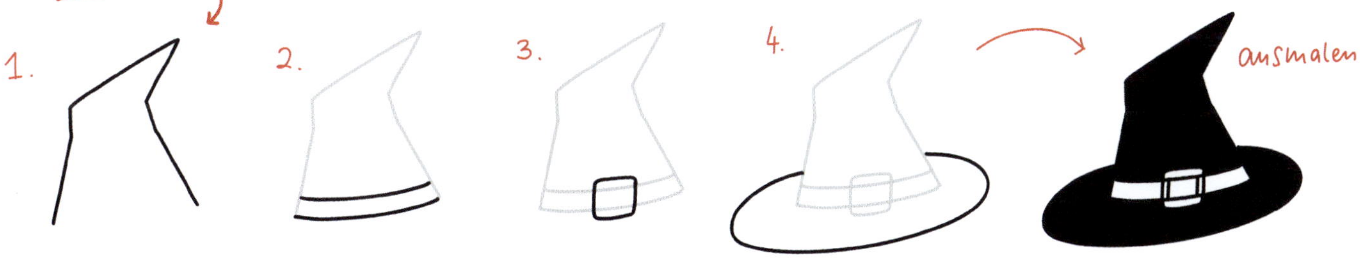

KÜRBIS

ANLÄSSE

GESPENST
1.
2.
3.
VARIANTEN
MUMIE
Vorzeichnen
1.
2.
Mit Schwunglinien die Mullbinden von Seite zu Seite zeichnen
Konturen zeichnen
KATZE
1.
2.
3.
4.
5.
6.
7.
Schwarz ausmalen
Süßes
Hexenbesen
FRIEDHOF
RIP

ANLÄSSE

JAHRESZEITEN

WINTER

SCHNEEFLOCKE

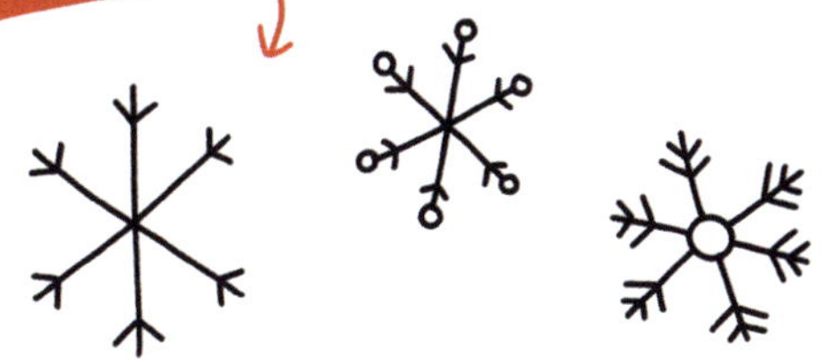

SCHNEEMANN

SCHNEEENGEL

JAHRESZEITEN

WINTER → KLAMOTTEN

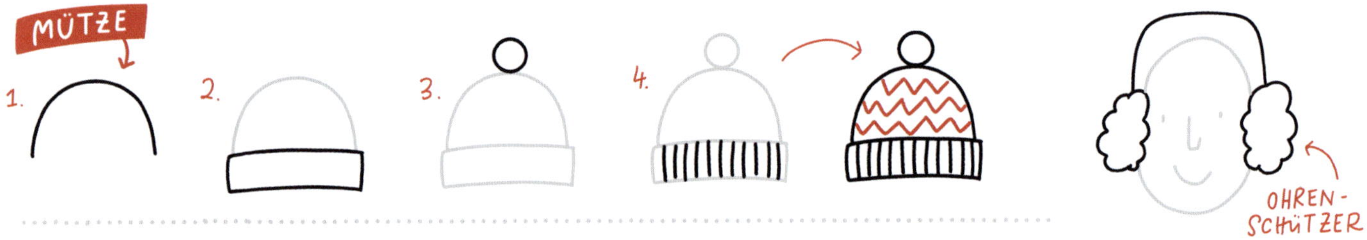

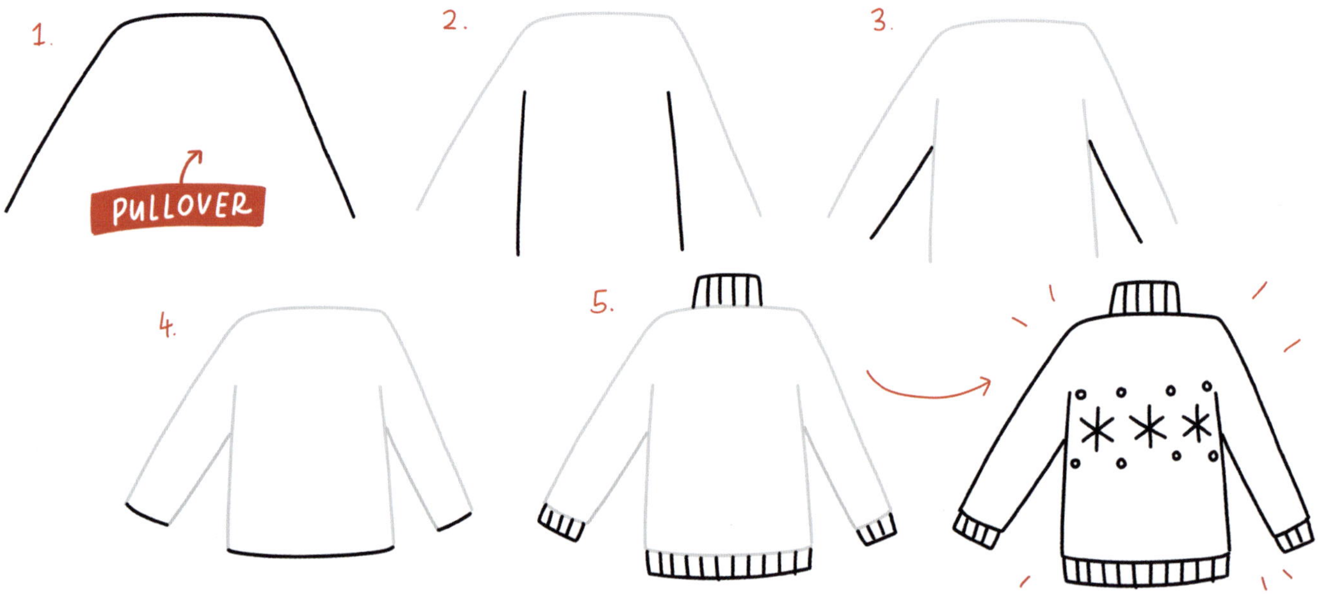

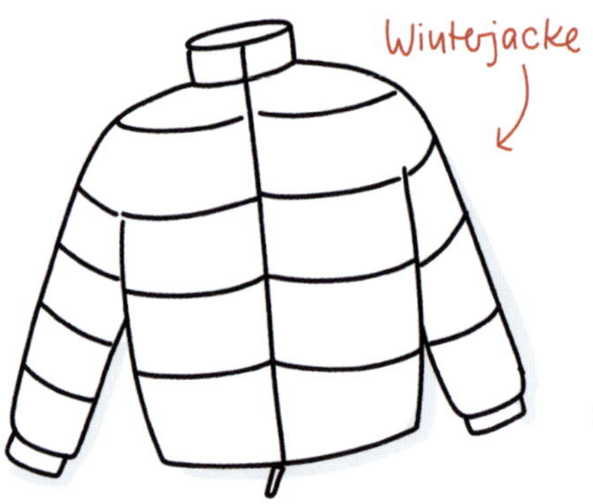

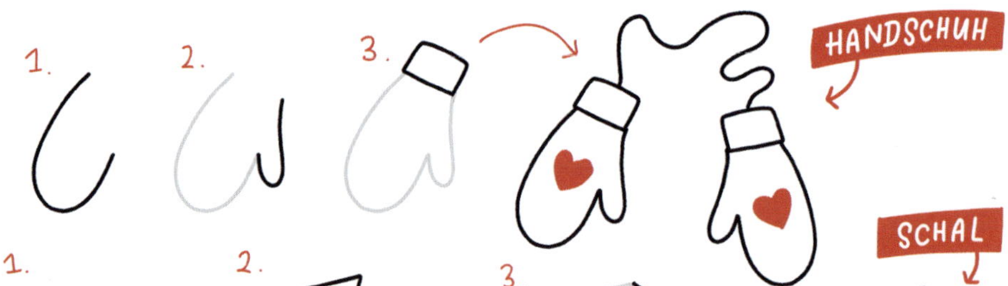

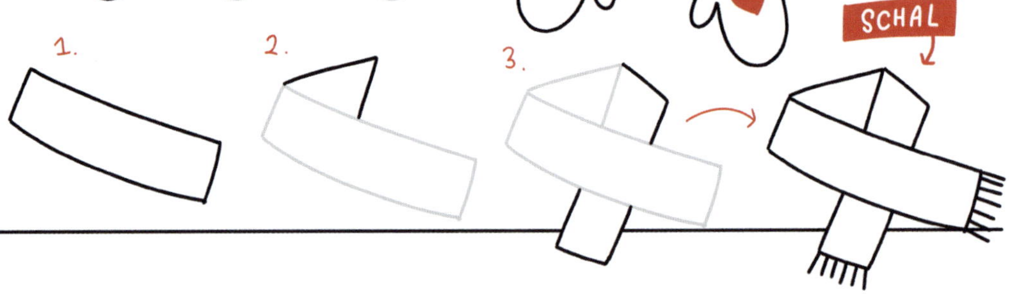

ANLÄSSE

JAHRESZEITEN

WINTER

SCHLITTEN

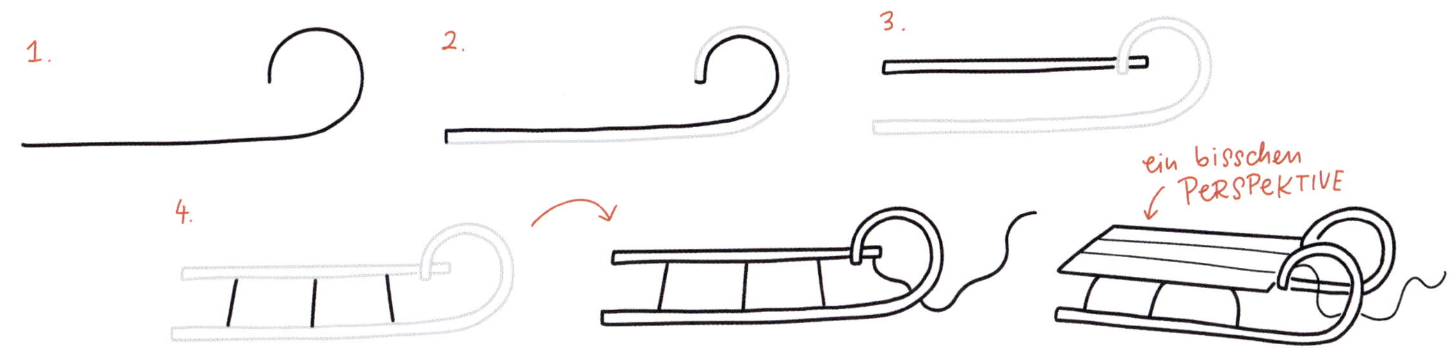

SKIER

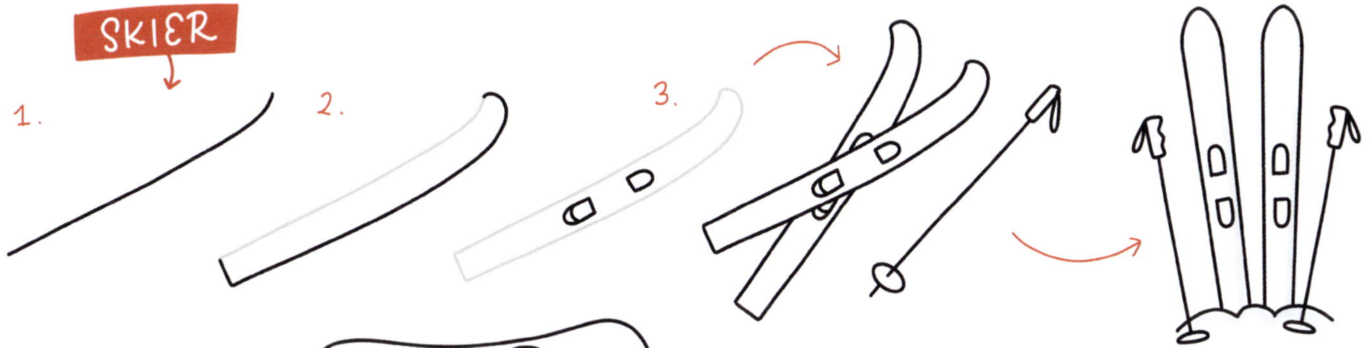

SNOWBOARD

SCHLITTSCHUH

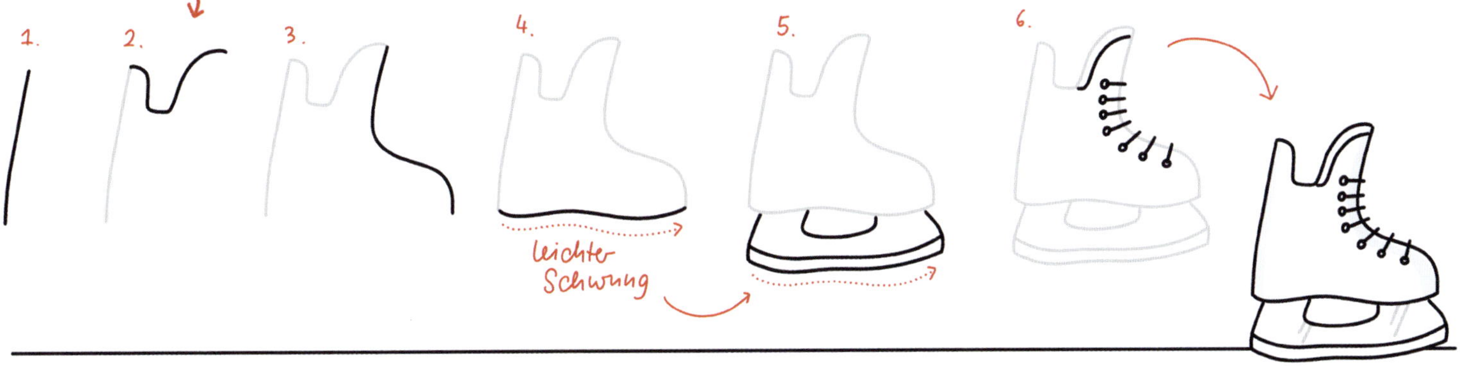

ANLÄSSE

Jahreszeiten

Winter → Weihnachten

Kerze

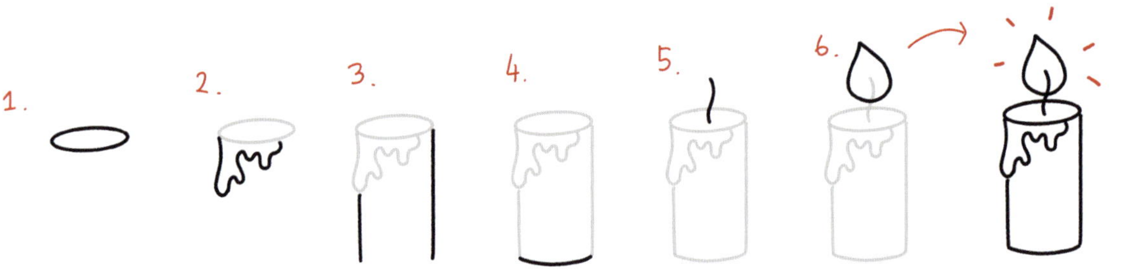

Adventskranz

Plätzchen

Mistelzweig

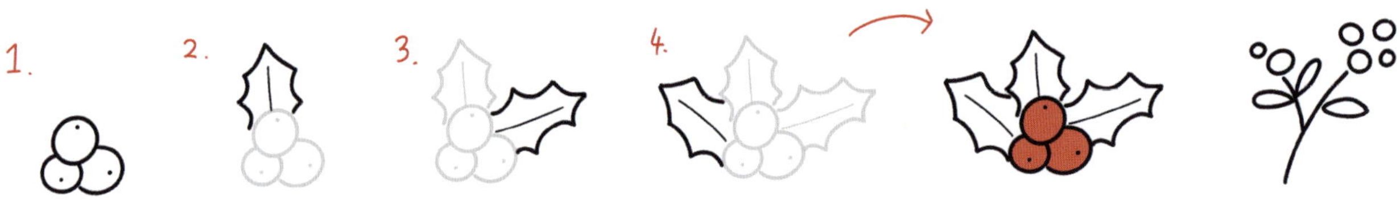

Lichterketten

Jahreszeiten

Winter → Weihnachten

Weihnachtsbaum

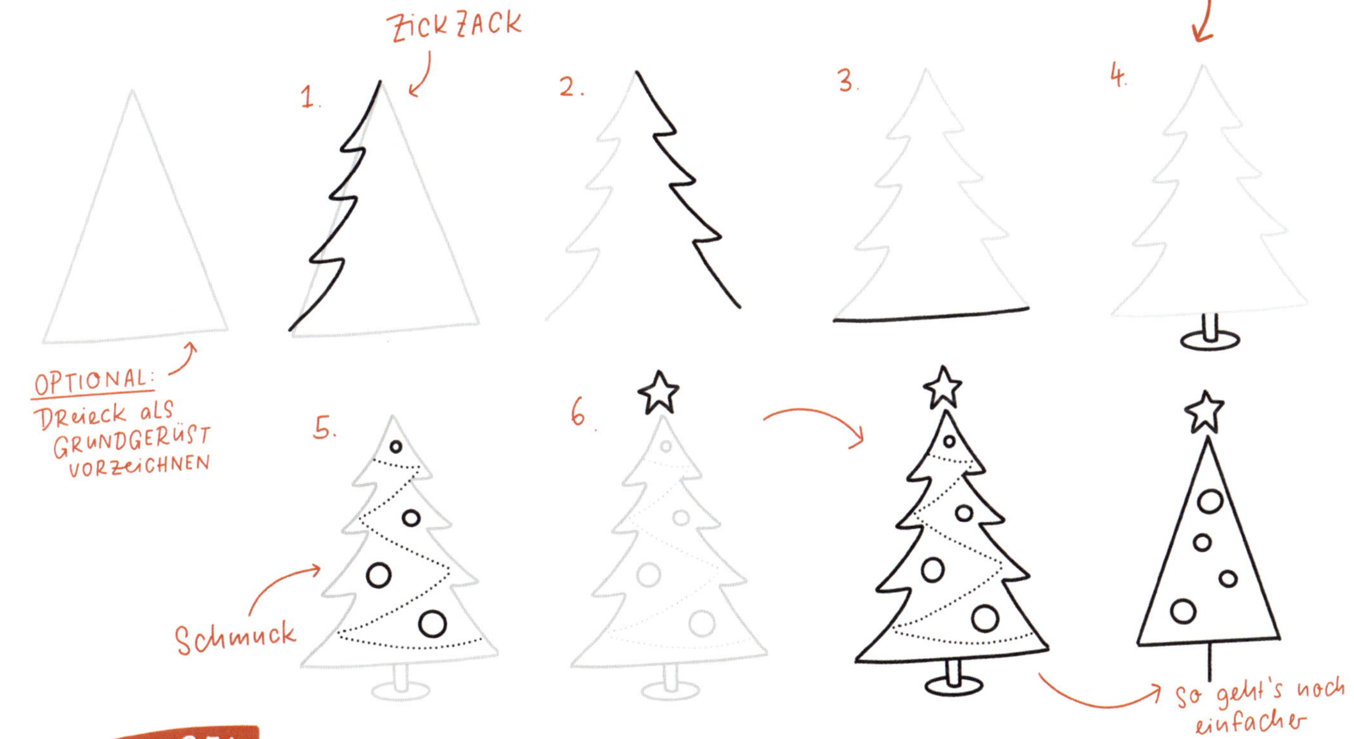

Kugel

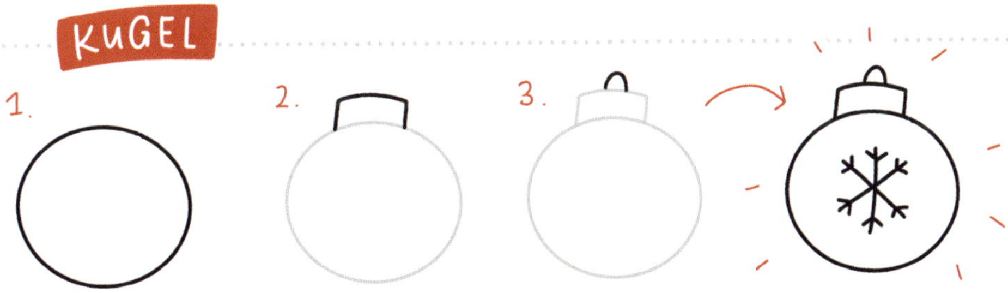

Glocke

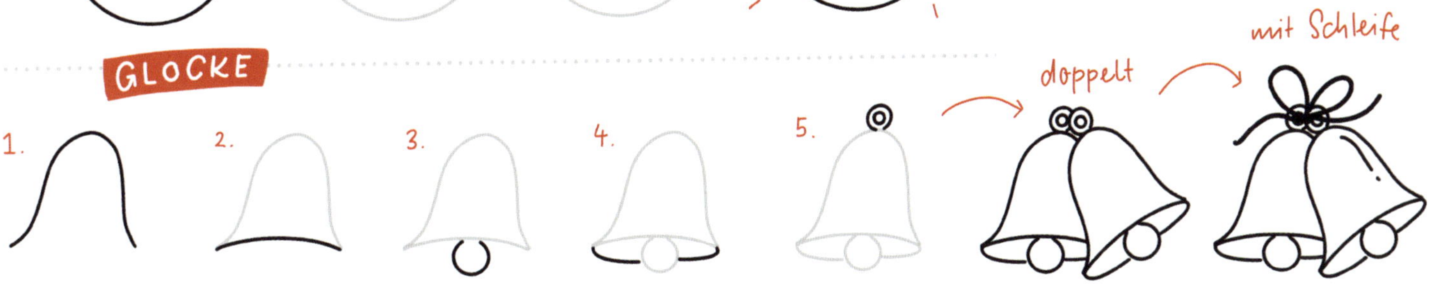

WEIHNACHTSMANN → für → Weihnachten

Der Kopf reicht oft schon aus

EINFACH

KOMPLEXER

Geschenkesack

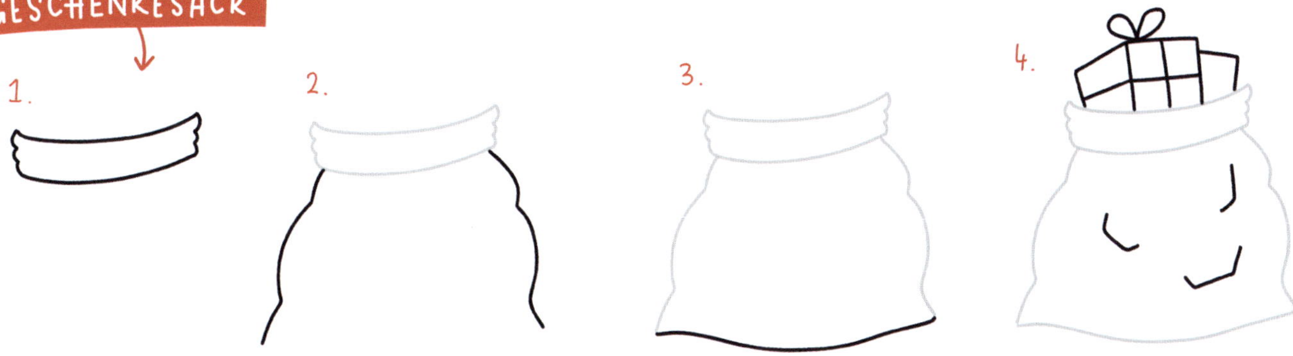

Gebäude

Gebäude

Wohnhaus für → Heimat, Sicherheit, Wohnen

einfach

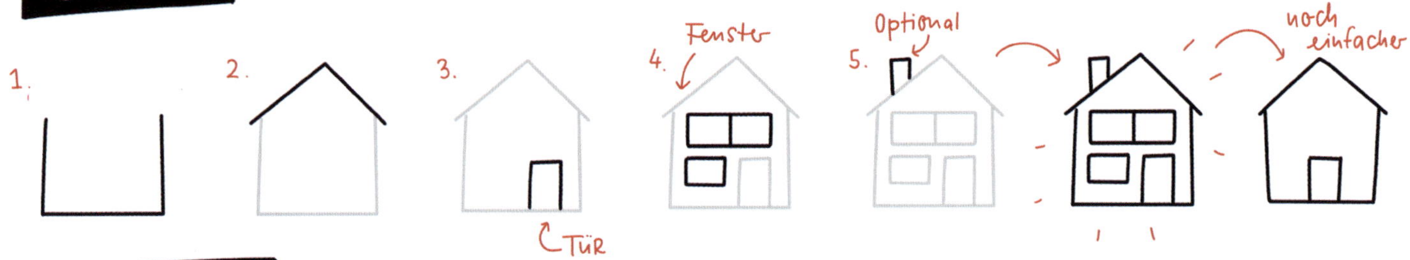

Komplexer

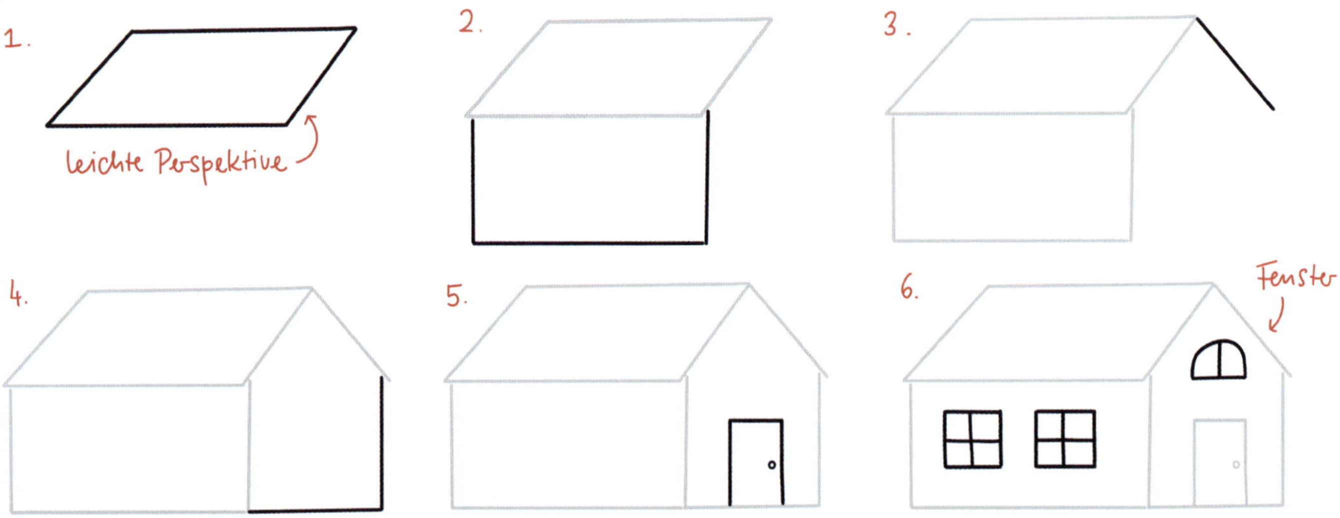

Varianten

MEHRFAMILIENHAUS → für → HEIMAT, WOHNEN, STADT

einfach

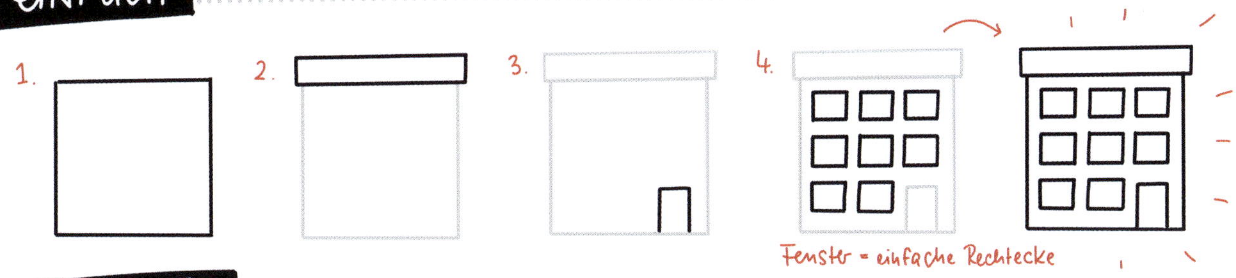

komplexer

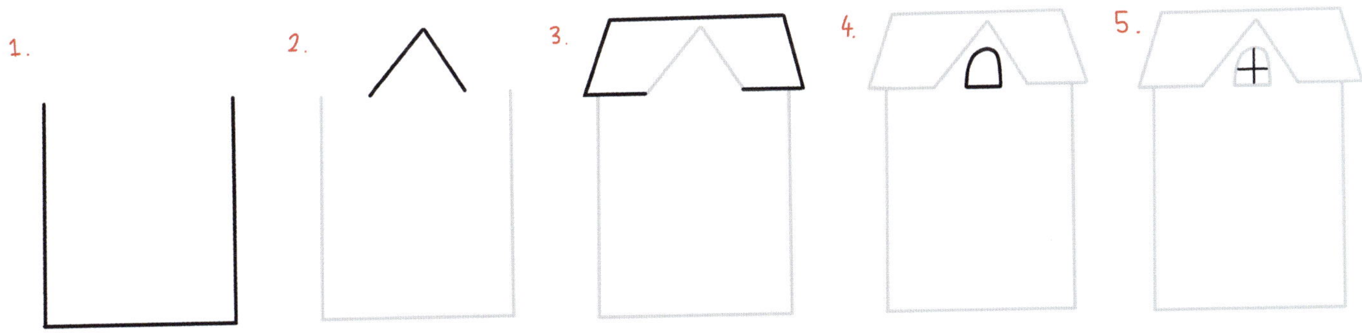

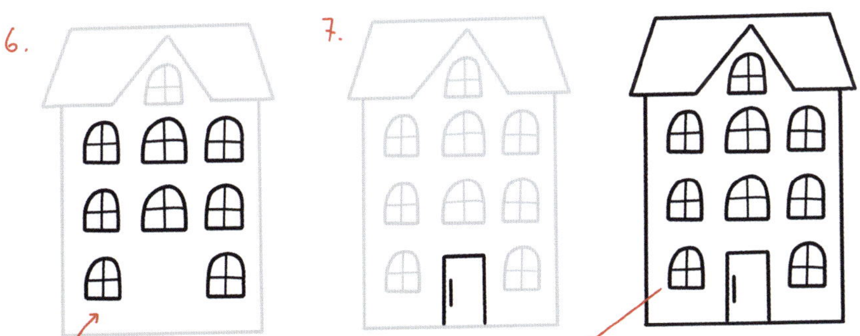

Varianten

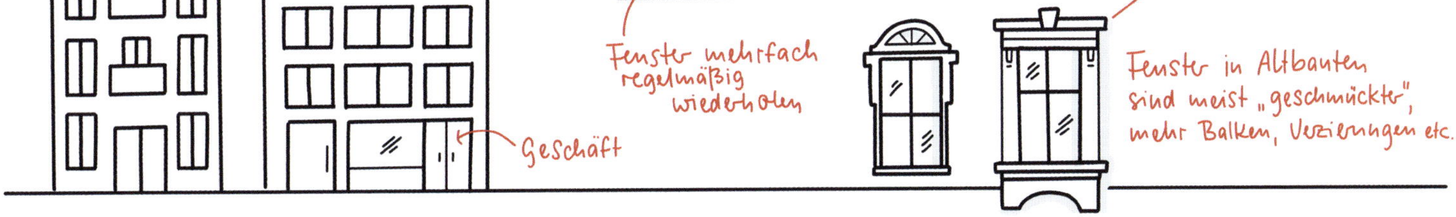

Gebäude

Hochhaus → für → Wohnen, Stadt, Urban

einfach

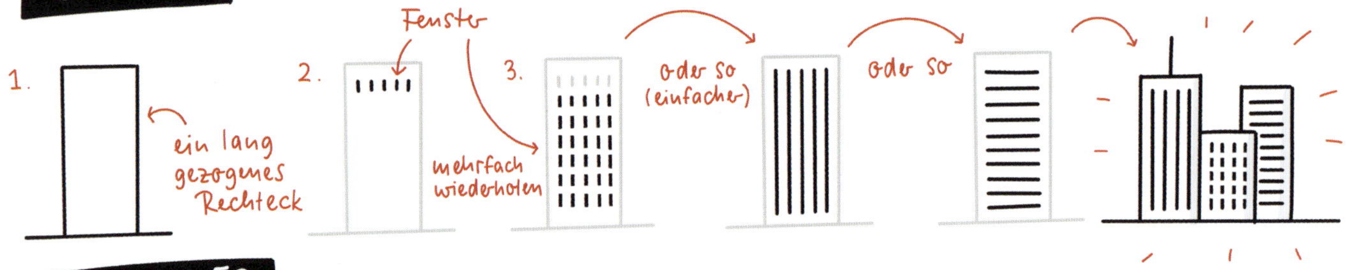

komplexer

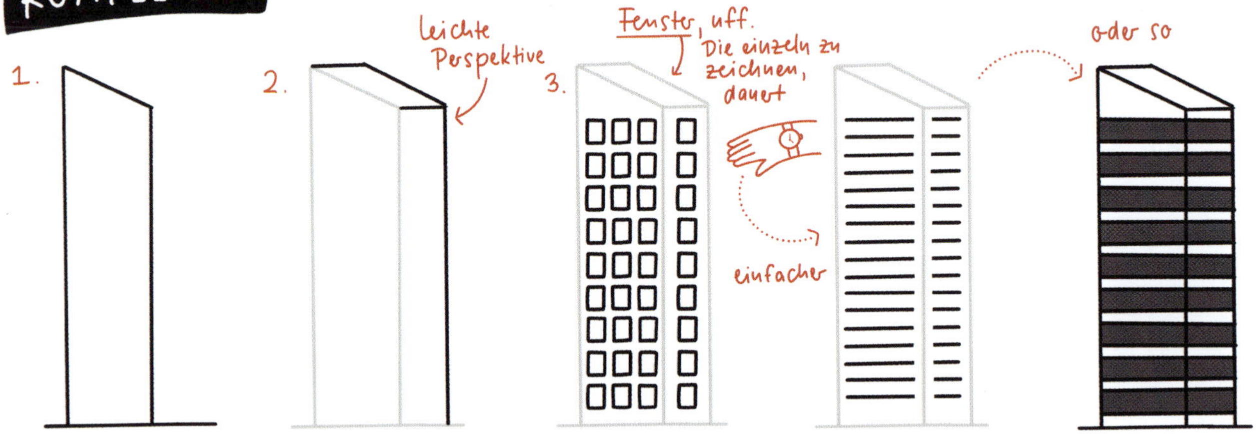

Varianten

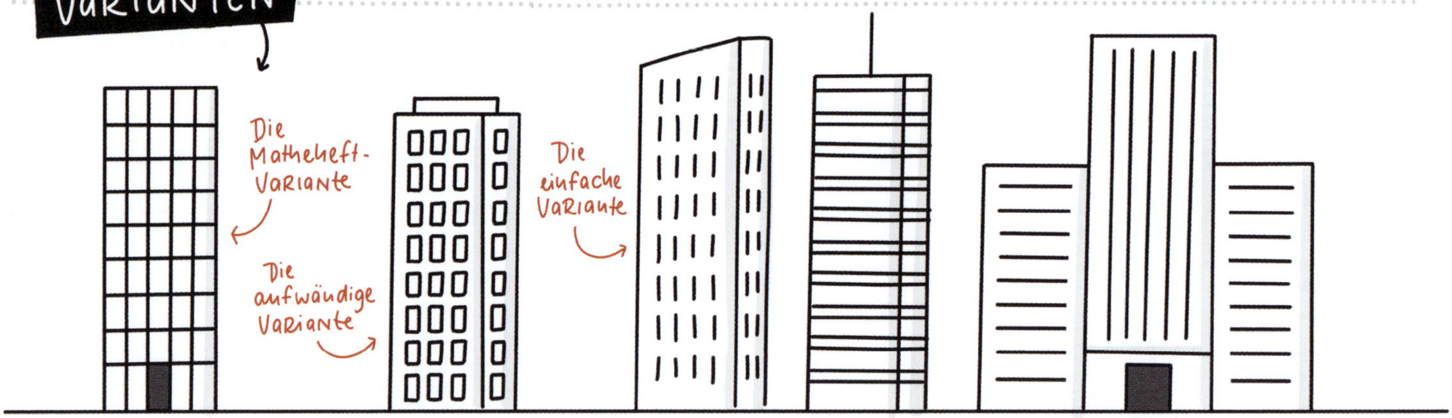

Gebäude

Ein Dorf
Oft auch eine kleine Kirche
(gibt es zwar auch in Städten, aber da fallen sie meist nicht so auf)
Einfamilienhäuser
Einsame Hütte
Mehrfamilienhaus
Rathaus (oder Schule) siehe nächste Seite
Eine Kleinstadt
Eine Großstadt
viele unterschiedliche Hochhäuser = Skyline
bekannte Gebäude prägen die Skyline und zeigen, dass es eine bestimmte Stadt ist

RATHAUS (ODER SCHULE) → für → VERWALTUNG oder LERNEN

Fun Fact: Rathaus und Schulen sind sich visuell sehr ähnlich

einfach

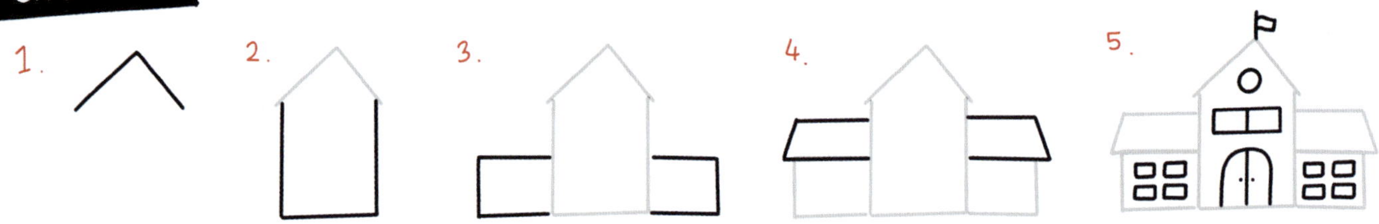

KOMPLEXER

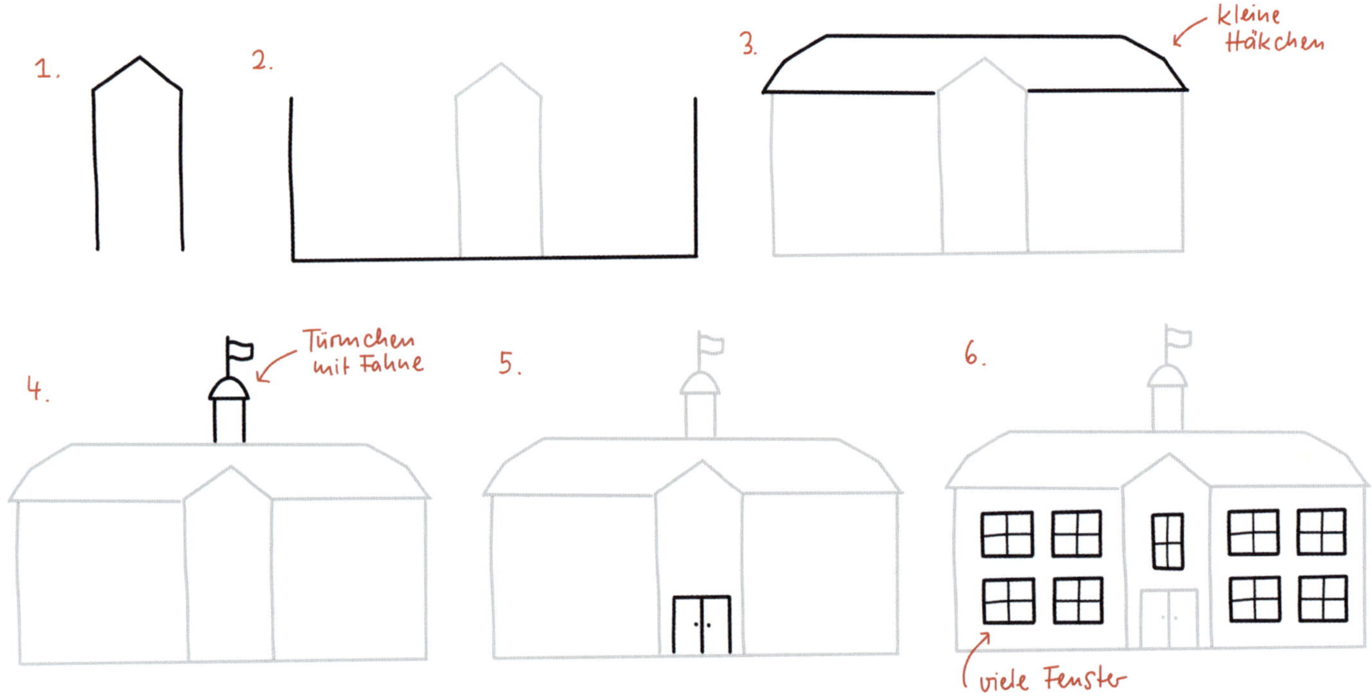

GEBÄUDE

7.

Details: Dachfenster

Uhr

VARIANTEN

Man kann es auch mit Text deutlich machen

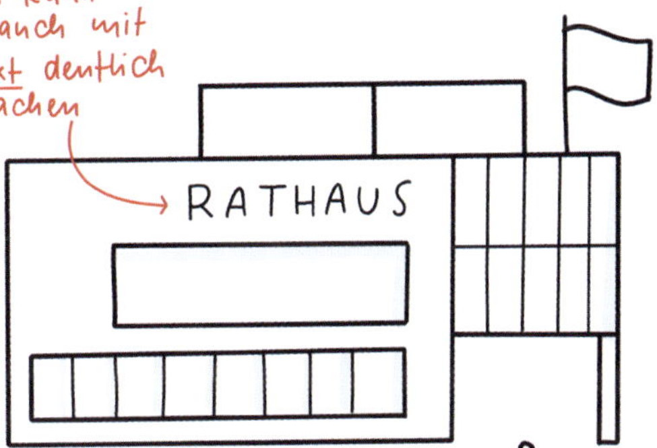

Modern

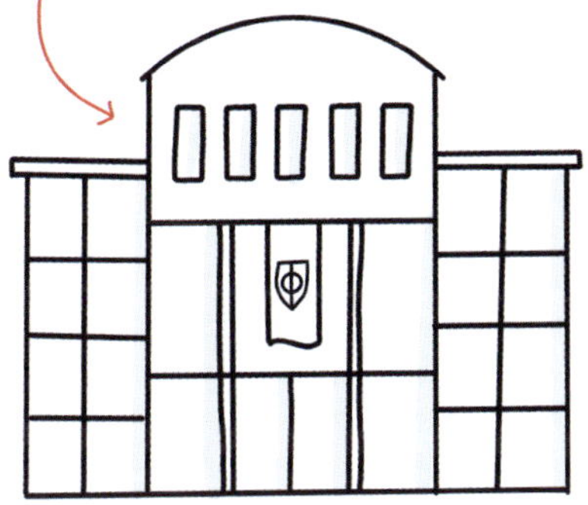

Eher eine Schule

Bestimmte Rathäuser, die auch Wahrzeichen sind: Rotes Rathaus / Berlin (Hat eigentlich viel mehr Fenster)

Die Optik von Rathäusern (und Schulen) hängt davon ab, wie alt sie sind.

GEBÄUDE

SCHLOSS für Storytelling, Geschichten erzählen

einfach

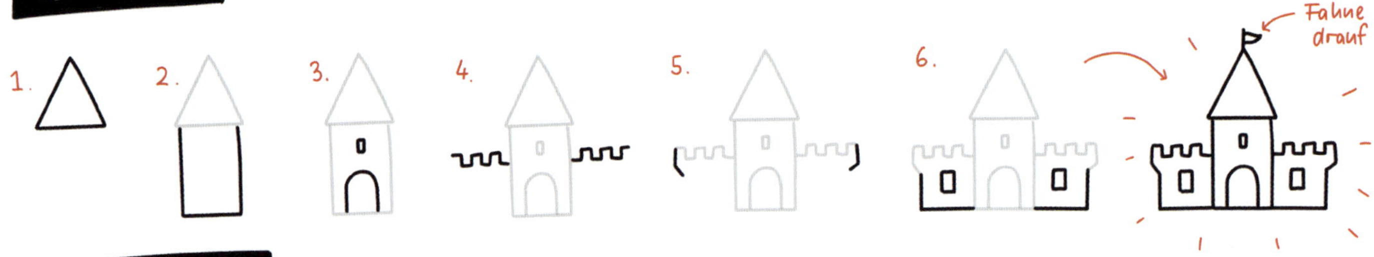

KOMPLEXER

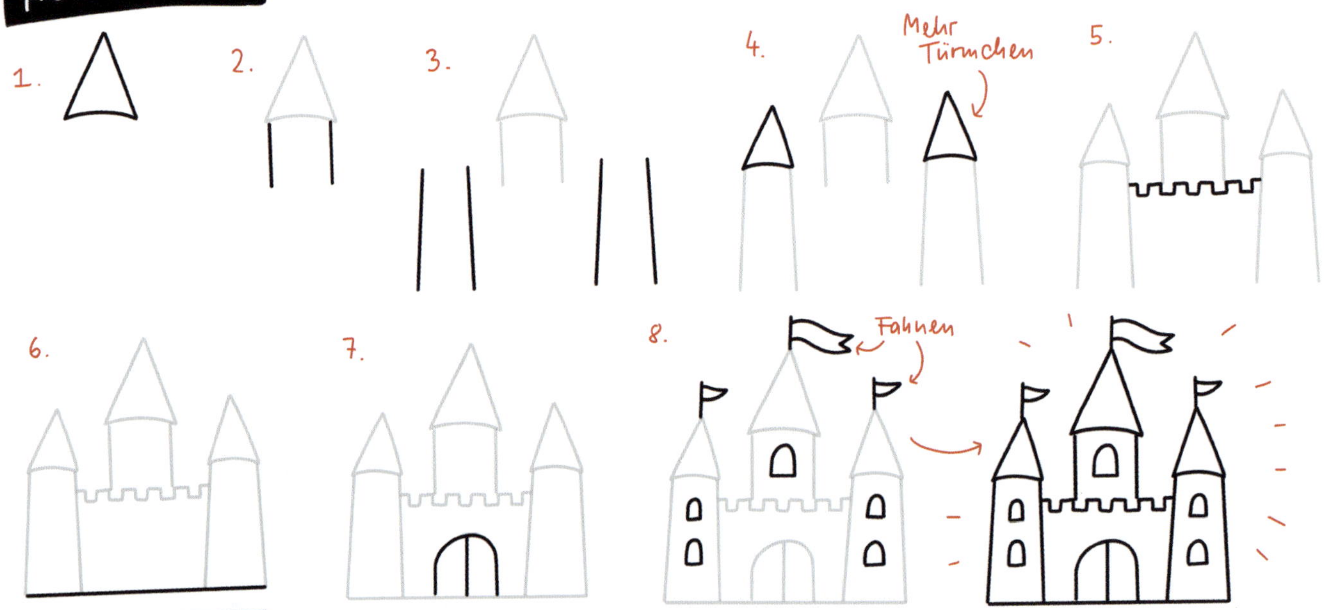

VARIANTEN

SONSTIGE GEBÄUDE

GEBÄUDE

KIRCHE
1.
2.
3.
4.
5.
6.
7.
8.

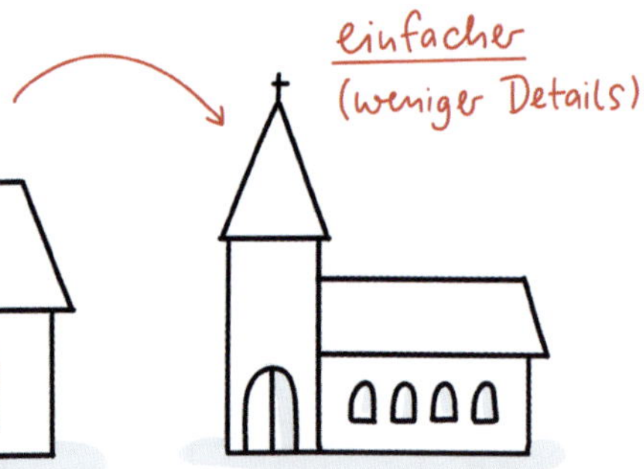
einfacher
(weniger Details)

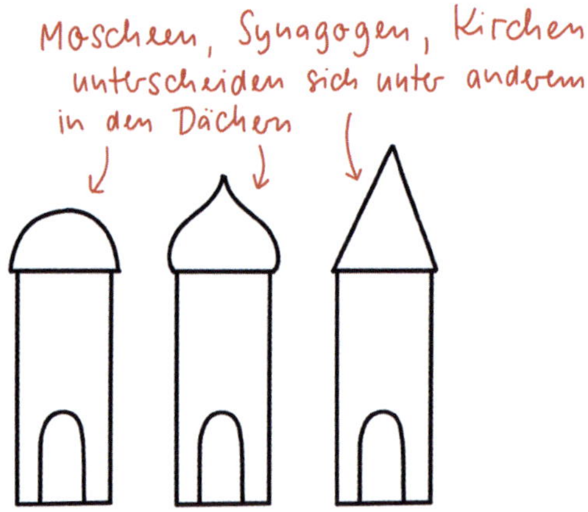
Moscheen, Synagogen, Kirchen
unterscheiden sich unter anderem
in den Dächern

GEBÄUDE

LEUCHTTURM

SYMBOL FÜR: FÜHRUNG, ORIENTIERUNG

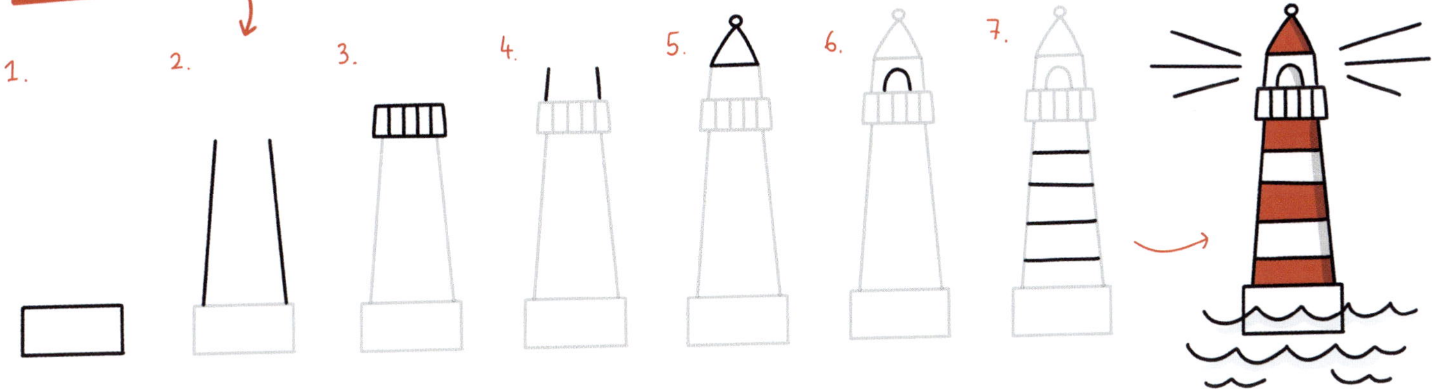

HAUSBOOT

Zu Hause

IM HAUS

SCHLAFZIMMER S. 75
KINDERZIMMER S. 76
BAD S. 79
WOHNZIMMER ab S. 72
KÜCHE ab S. 67

Zu Hause

Küchenutensilien

Schneebesen

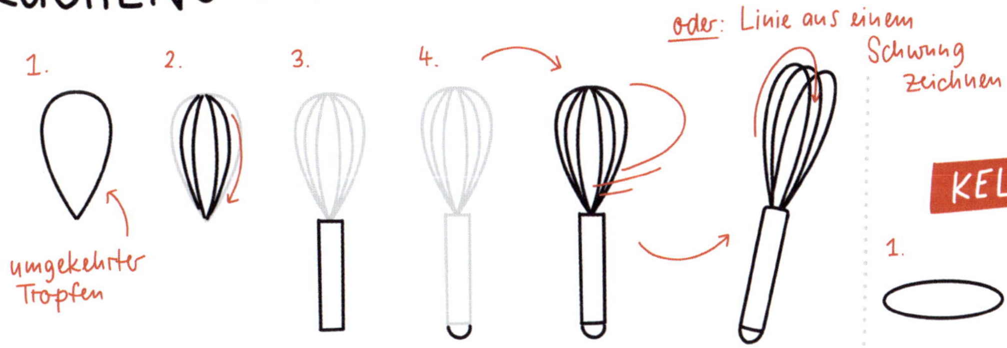

Kelle

Reibe

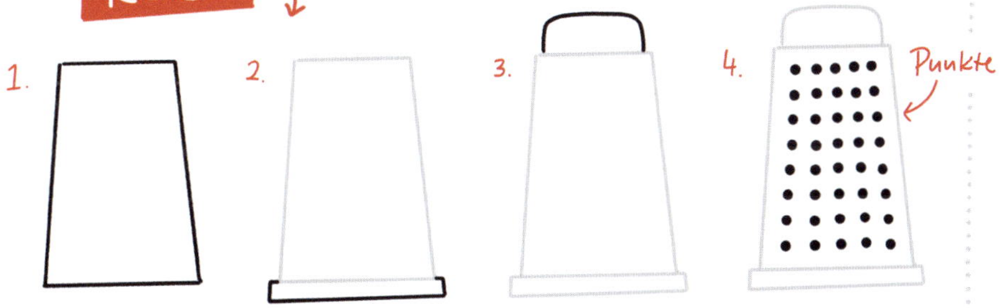

Pfannenwender

Korkenzieher

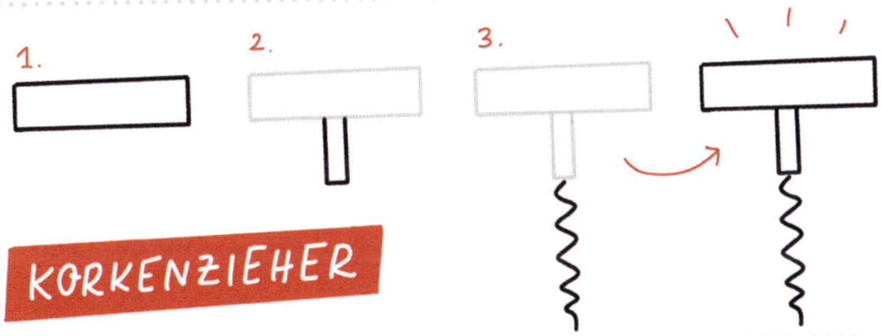

Nudelholz

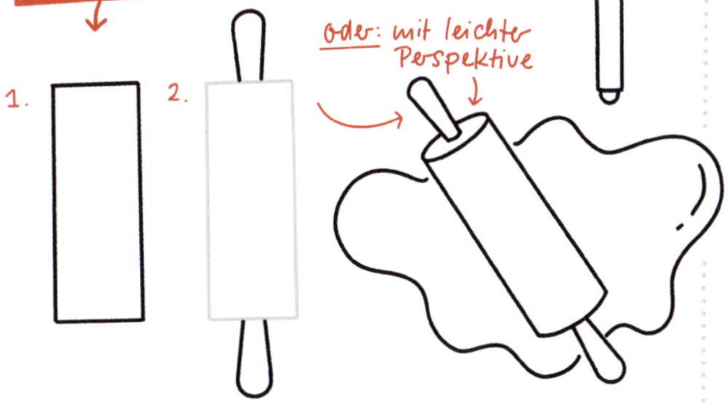

Messbecher

ZU HAUSE

NUDELSIEB

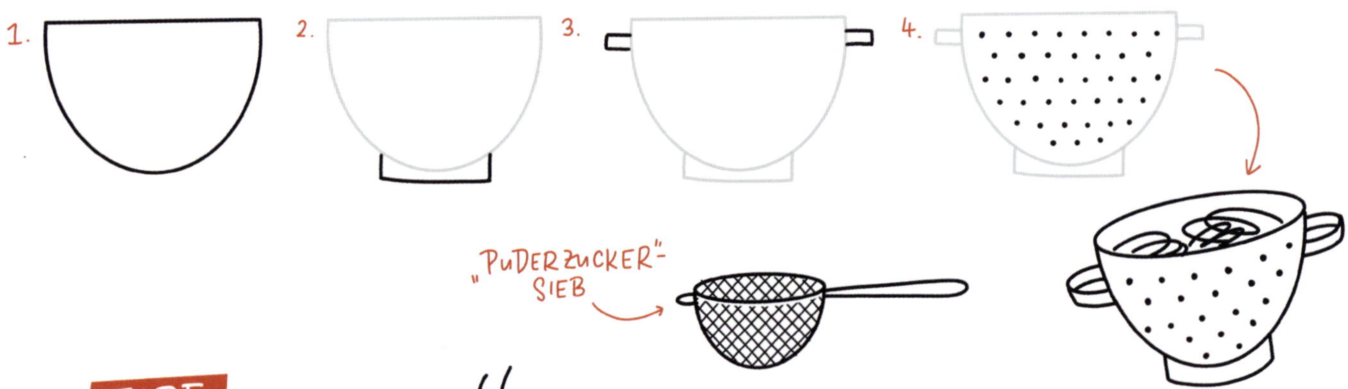

TOPF

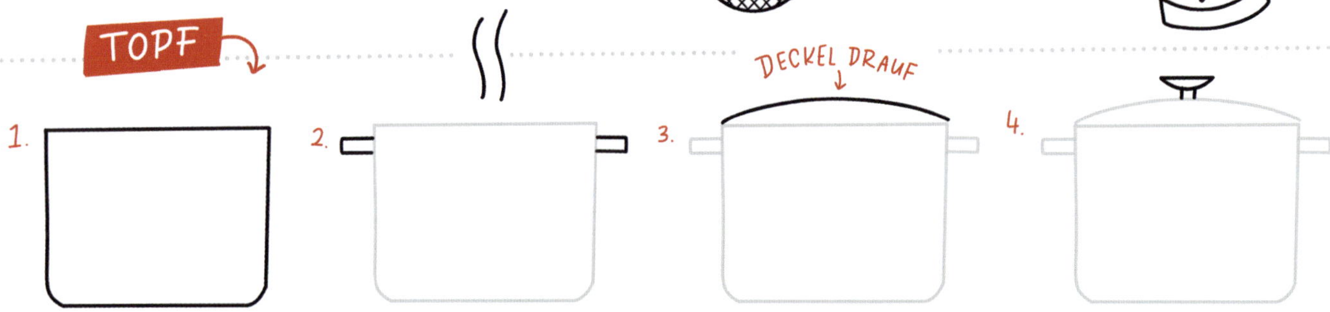

KOCHHANDSCHUH

ZU HAUSE

PFANNE

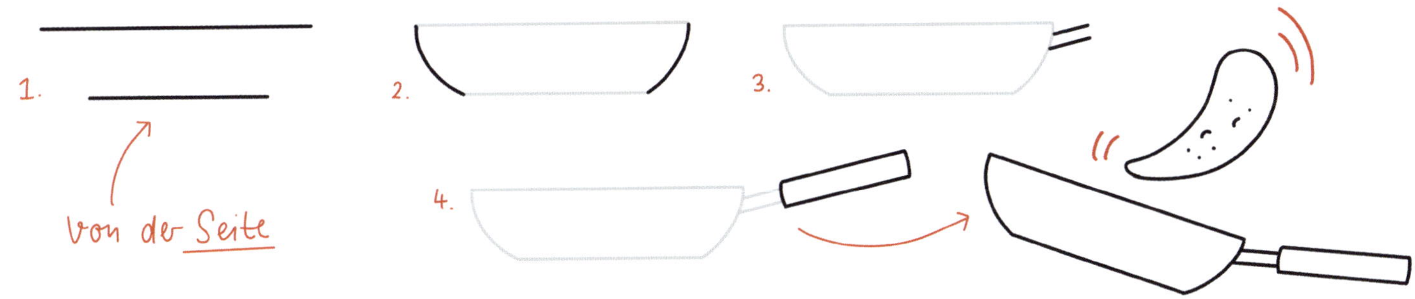

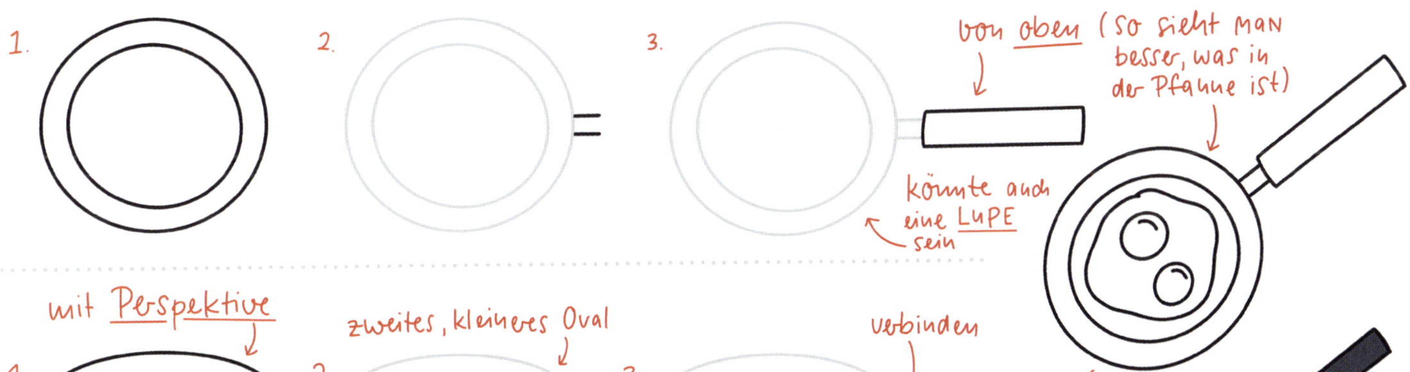

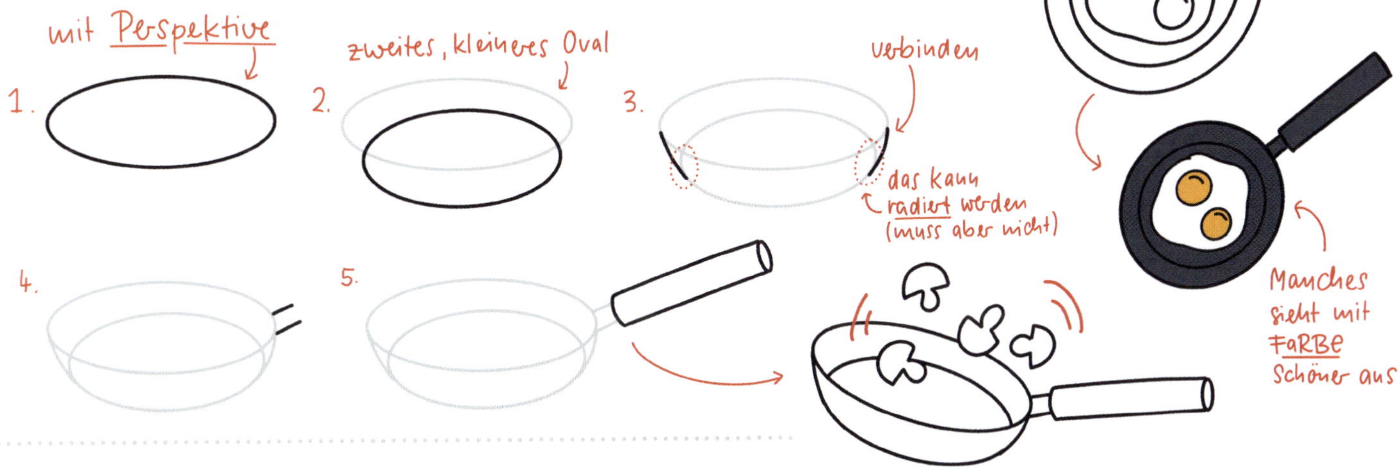

Zu Hause

Tasse —für→ Pause (z.B. bei Agenden)

einfach

Komplexer

Varianten

KÜCHENGERÄTE

TOASTER

WASSERKOCHER

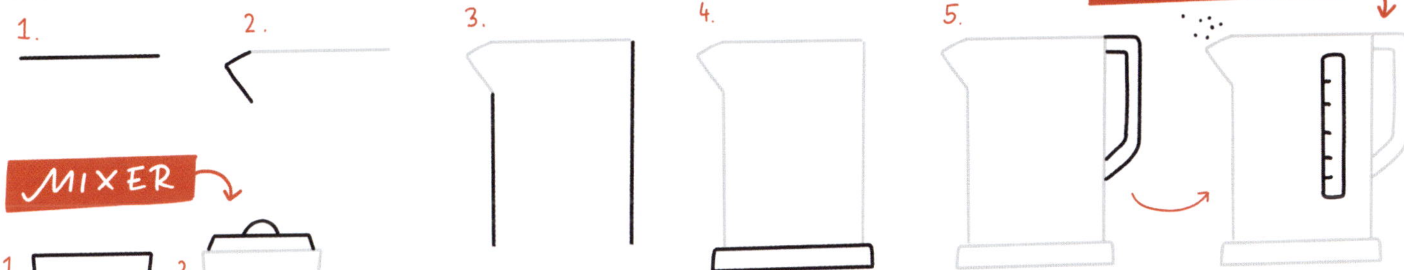

MIXER

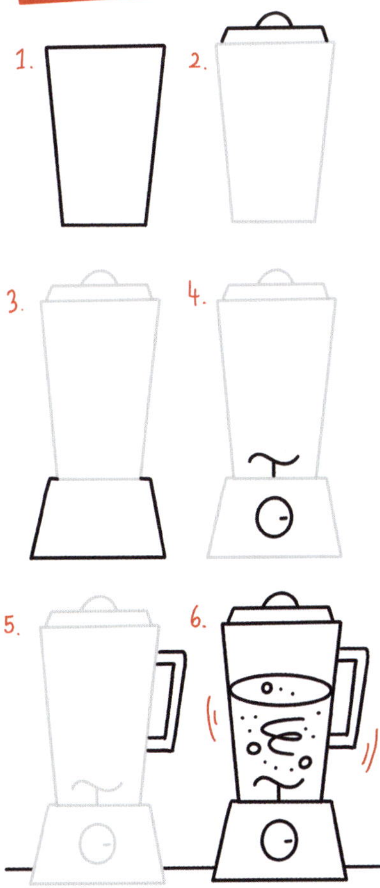

KÜHLSCHRANK

ZU HAUSE

MÖBEL

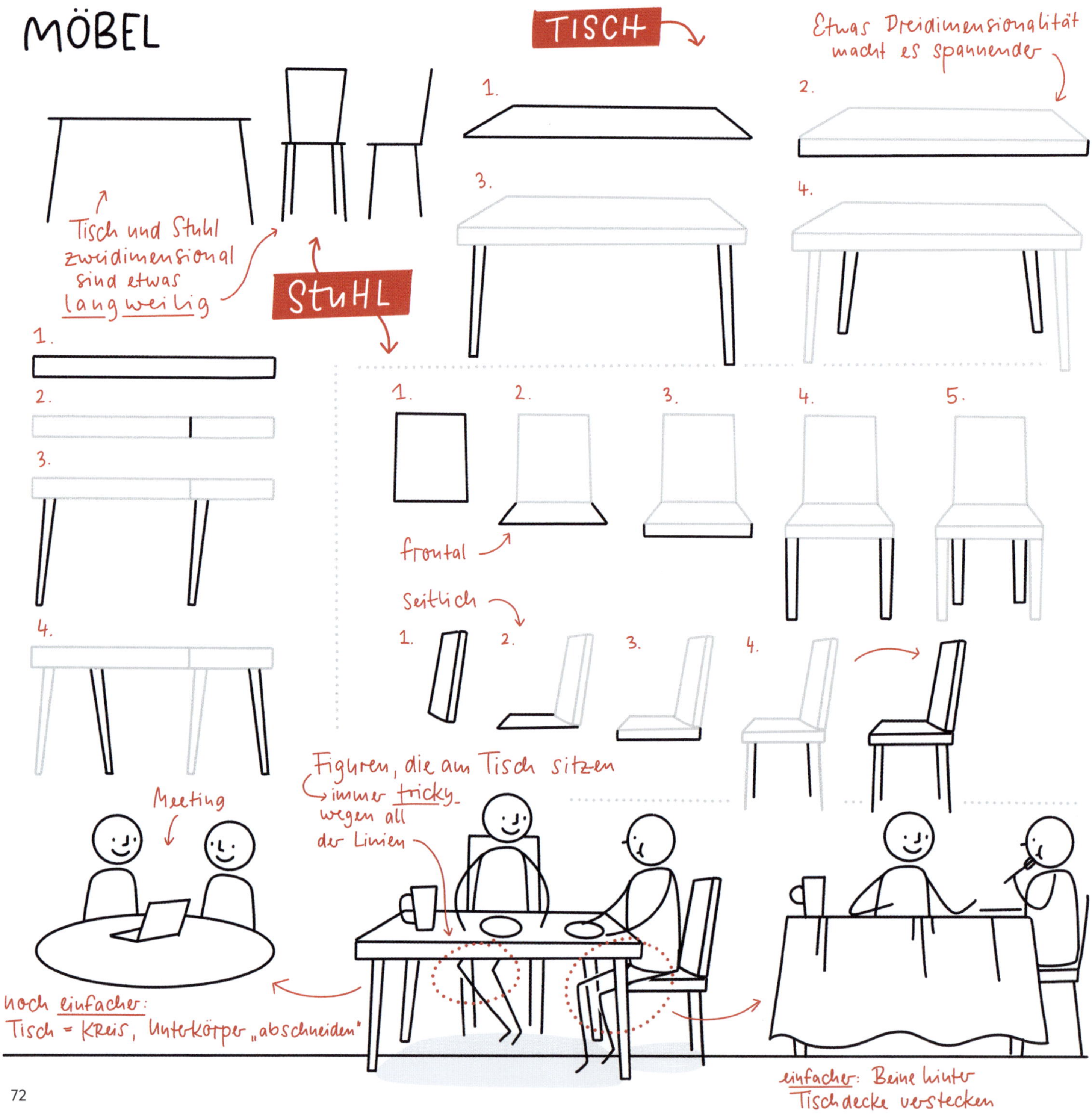

Sessel → für → Gemütlichkeit, Ruhe, auch: Komfortzone

einfach

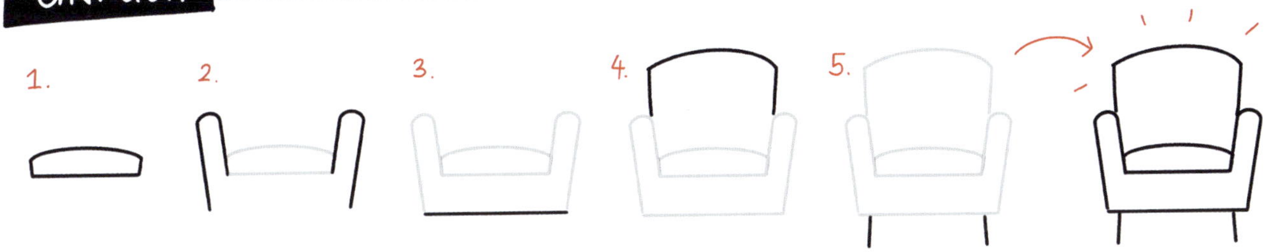

Komplexer

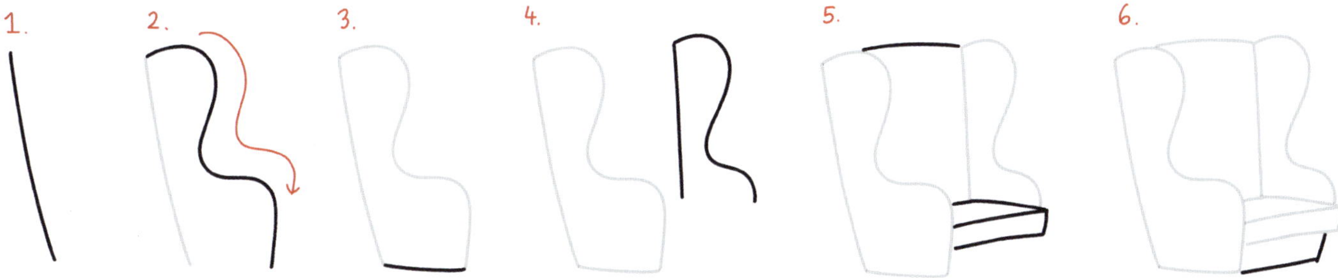

Ohrensessel mit Perspektive

Varianten

ZU HAUSE

MÖBEL

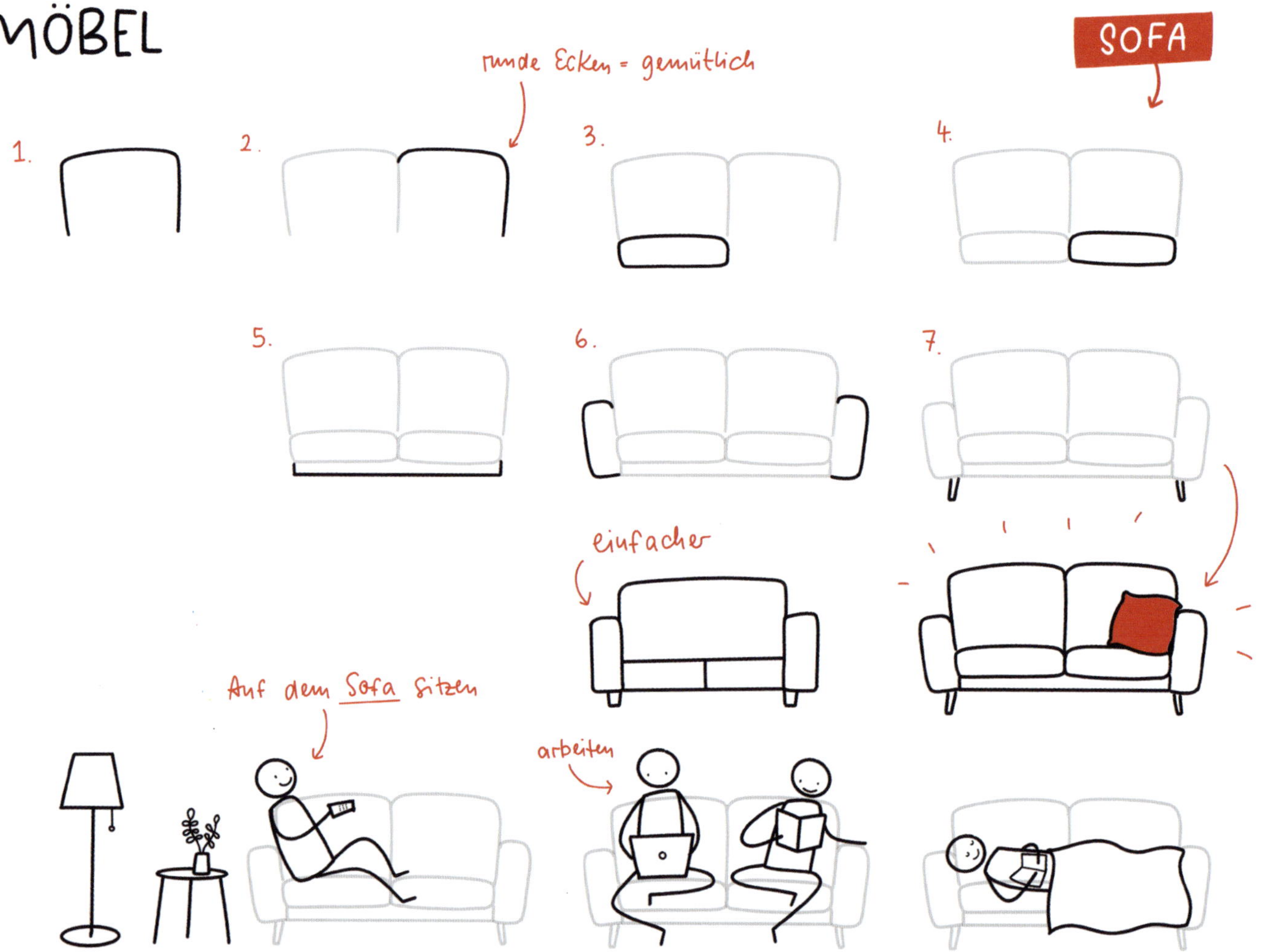

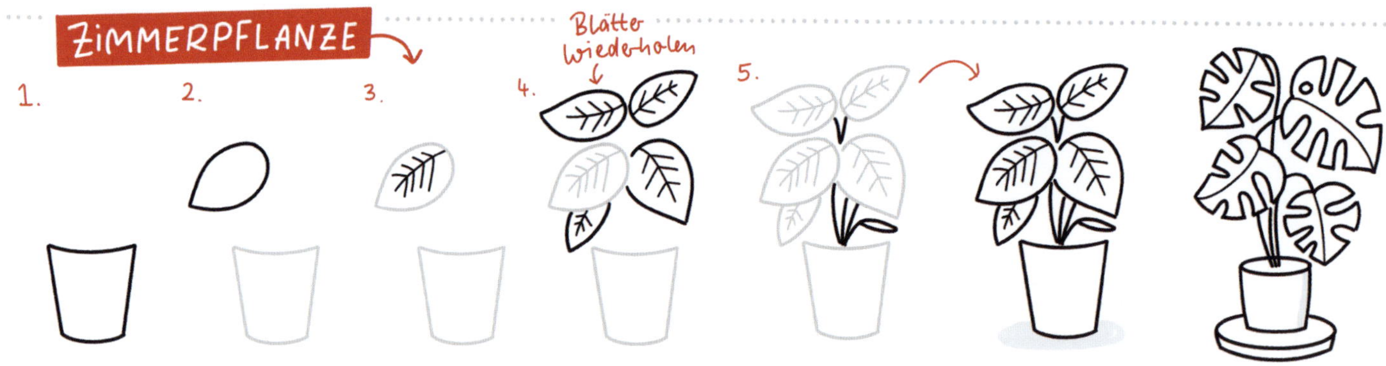

ZU HAUSE

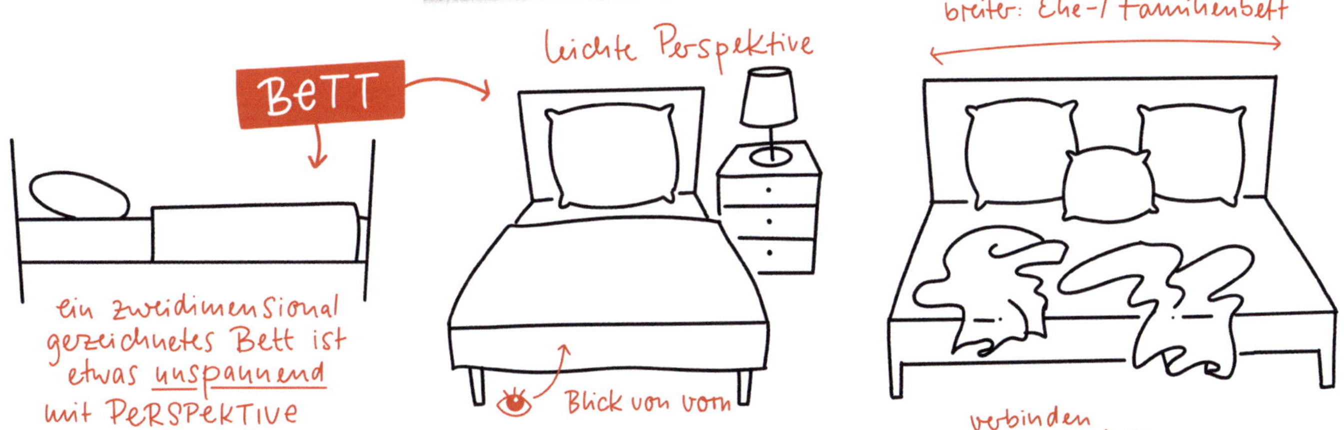
BETT
leichte Perspektive
breiter: Ehe-/Familienbett
ein zweidimensional gezeichnetes Bett ist etwas unspannend
mit PERSPEKTIVE
Blick von vorn

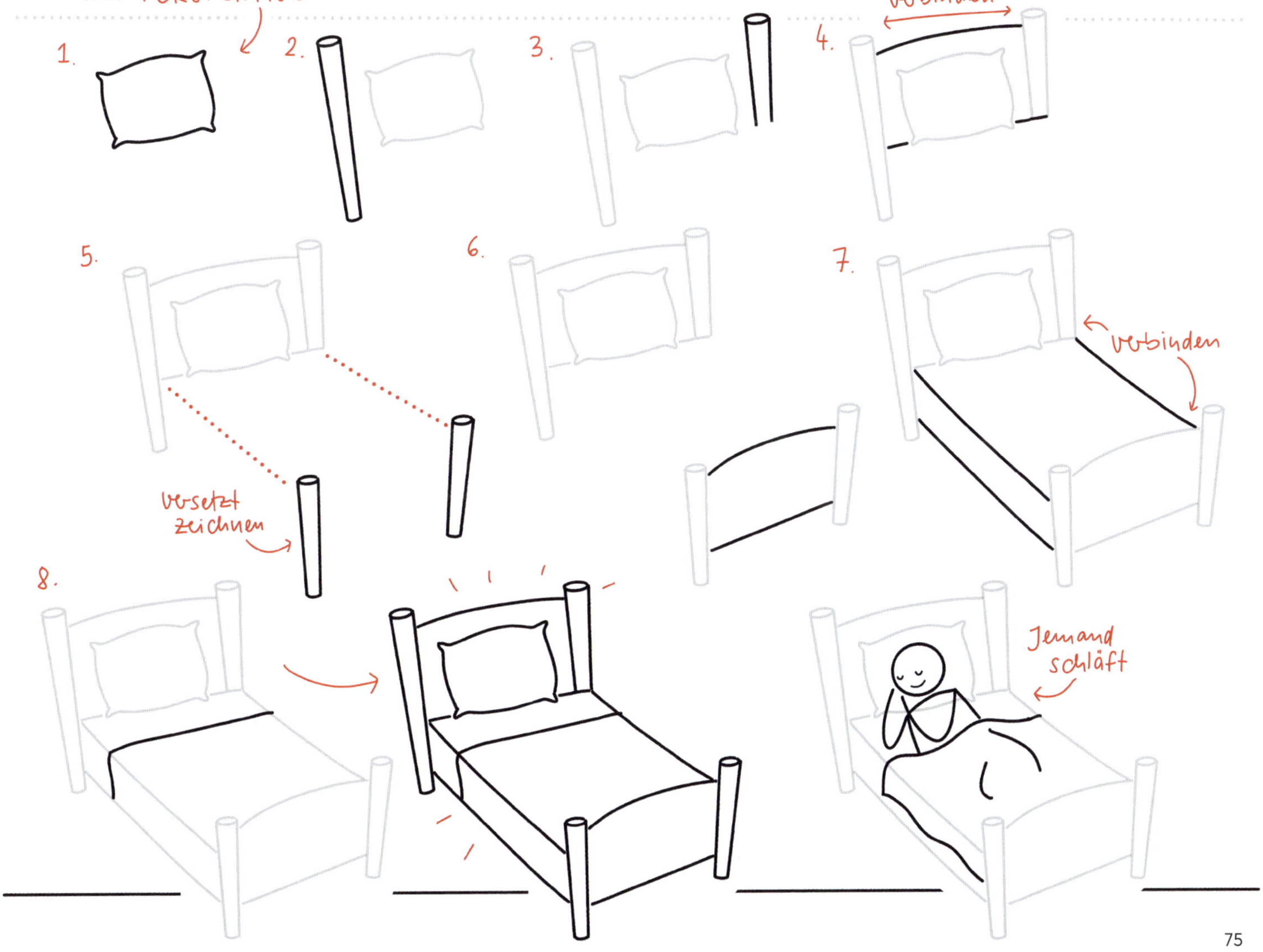
1.
2.
3.
4.
verbinden
5.
versetzt zeichnen
6.
7.
verbinden
8.
Jemand schläft

KINDERZIMMER

BABYBETT

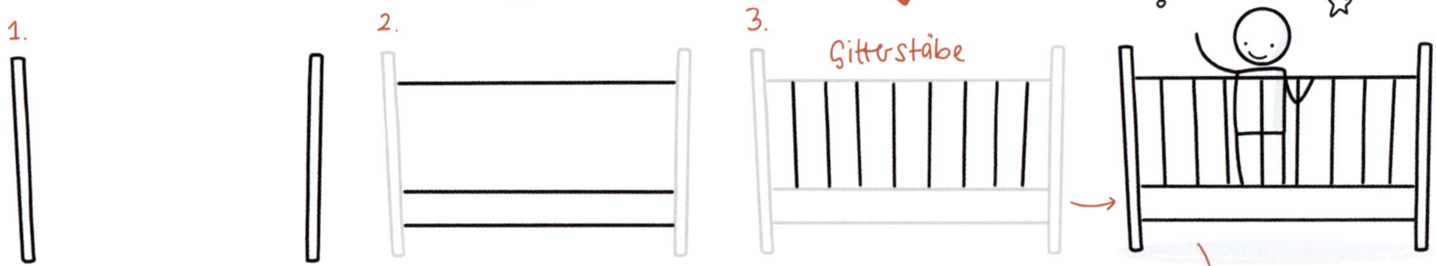

MOBILE

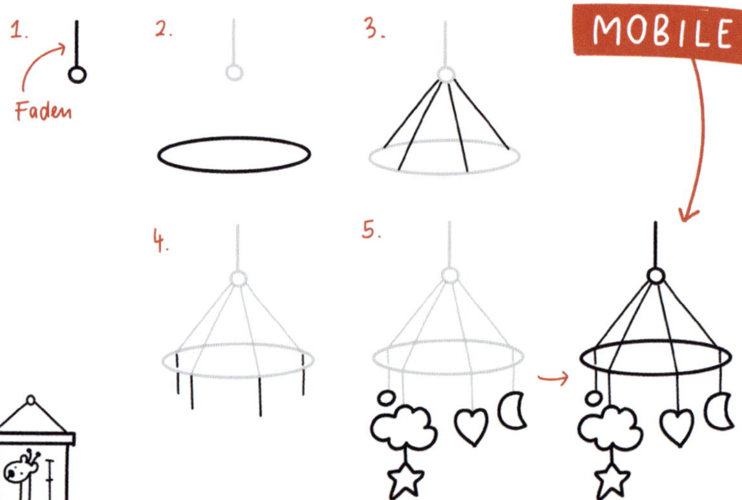

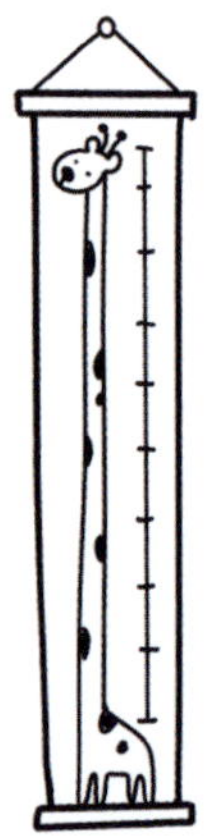

KINDERZIMMER – BABY

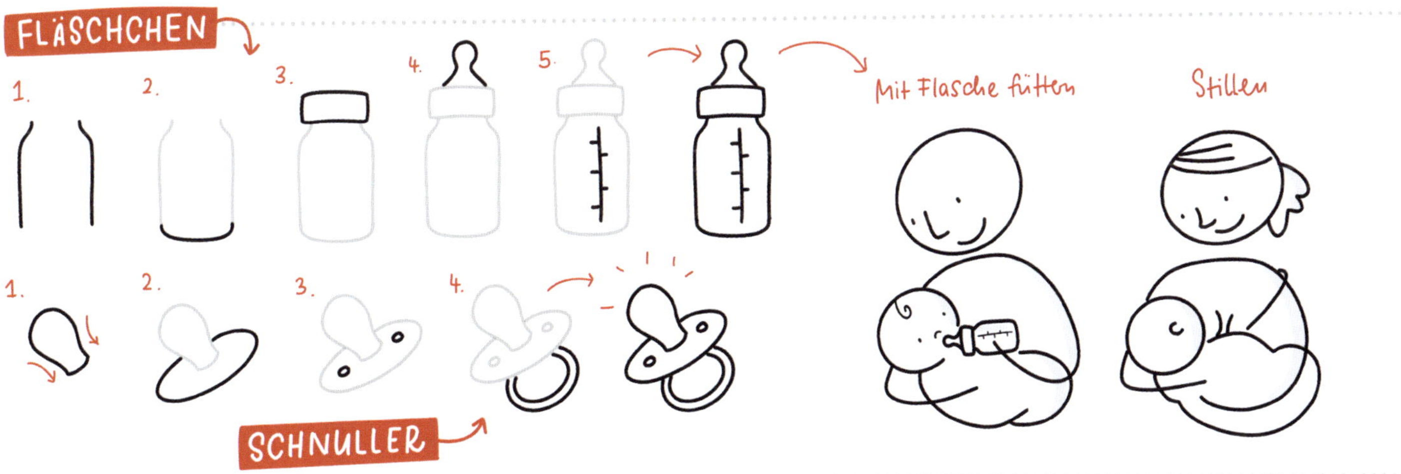

KINDERZIMMER – SPIELZEUG

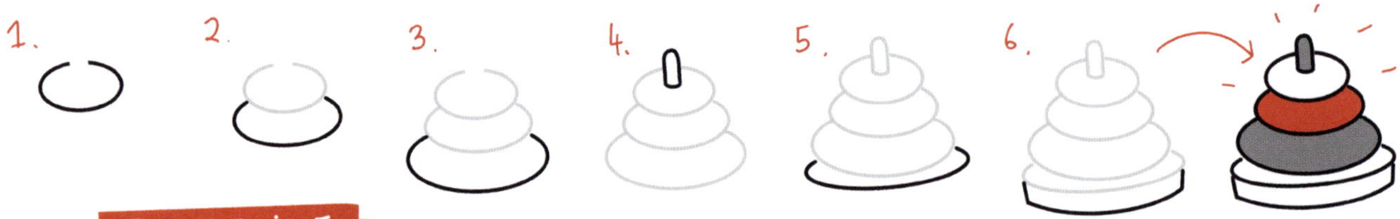

BAUSTEINE

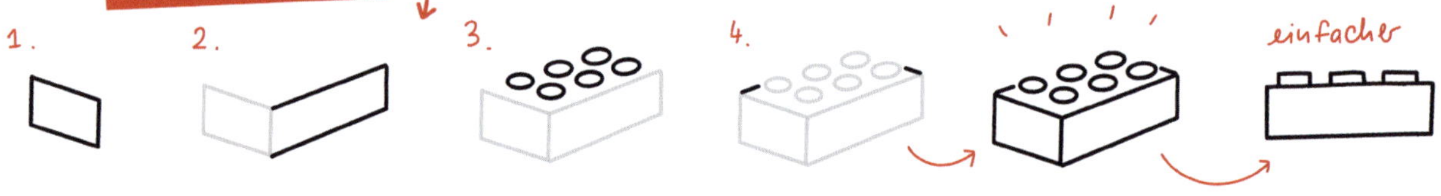

PUPPE

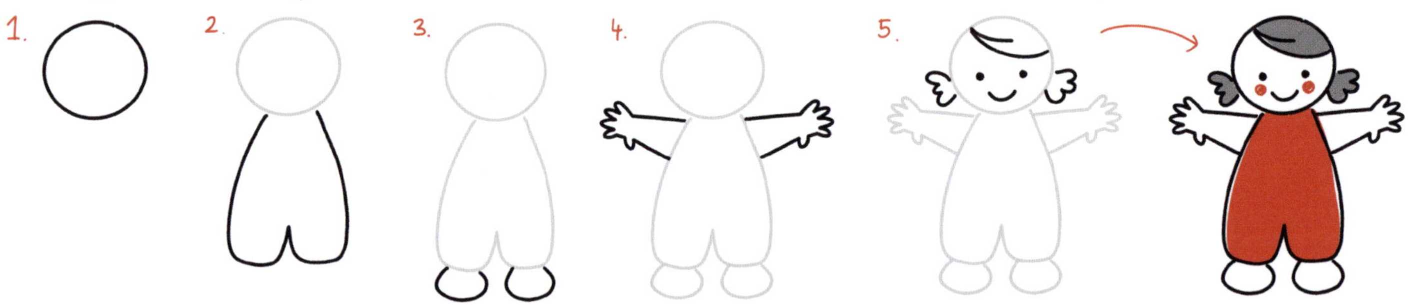

AUTO

BADEZIMMER

TOILETTE
einfacher: 2D
in Boden
neue Toiletten kommen aus der Wand
1.
ein gedrehtes U zeichnen
2.
3.
4.
5.
KLOBÜRSTE
1.
2.
3.
4.
V zeichnen
TÖPFCHEN
1.
2.
3.
SPIEGEL
1.
2.
DUSCHE & BADEWANNE

HAUSHALT & PUTZEN

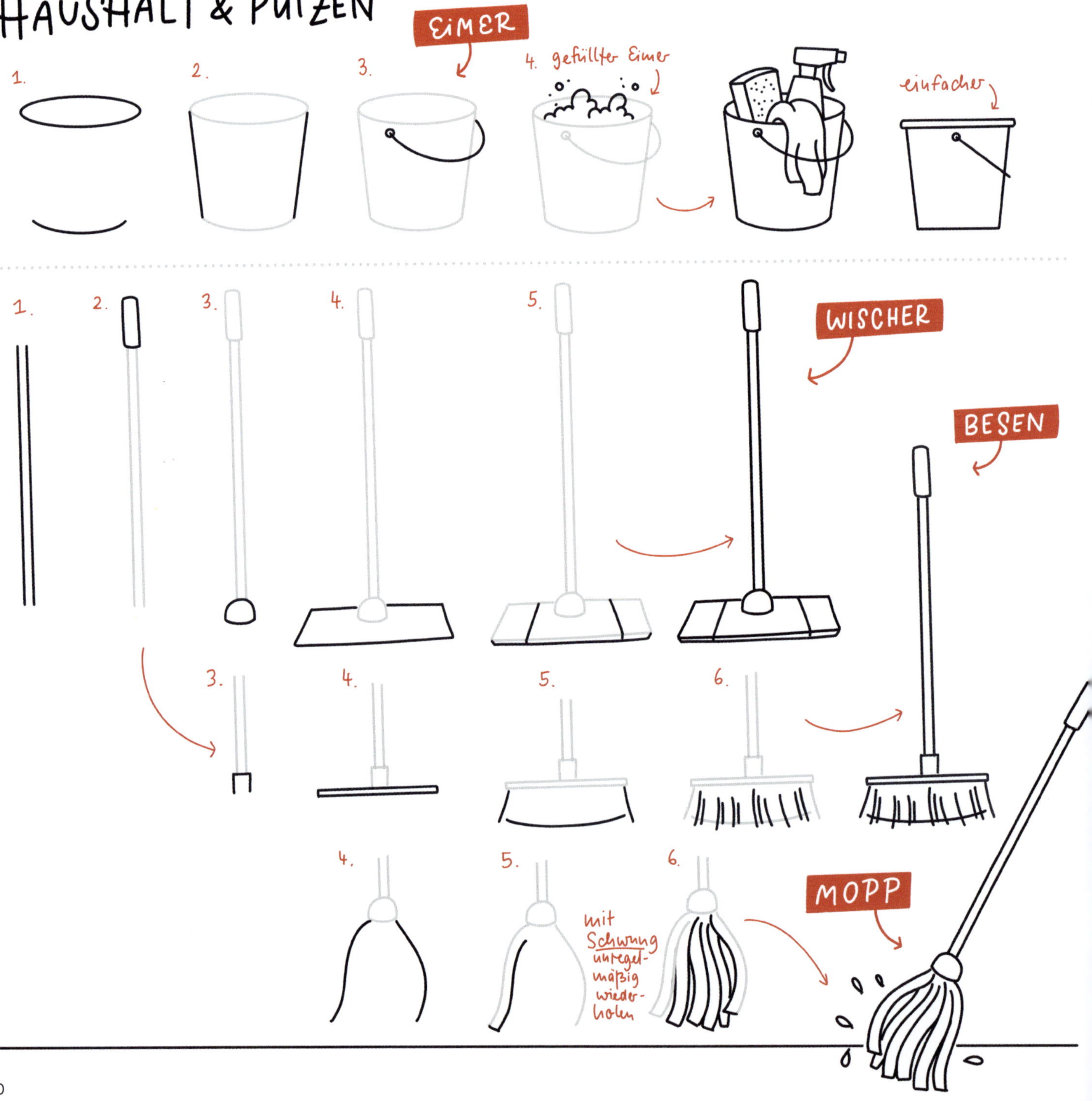

ZU HAUSE

KEHRSCHAUFEL & HANDFEGER
1.
2.
3.
4.
5.
6.
1.
2.
3.
4.
1.
2.
3.
unregelmäßige Rechtecke um eine Achse anordnen
4.
STAUB-WEDEL
1.
2.
3.
4.
PUTZMITTEL
5.
6.
7.
WÄSCHEKORB
1.
2.
3.
4.

MUSIK

MUSIK

Musik allgemein

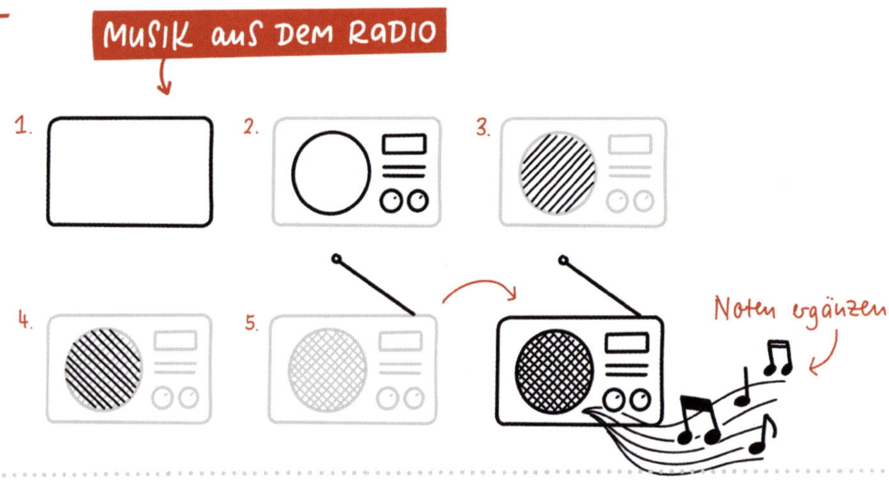

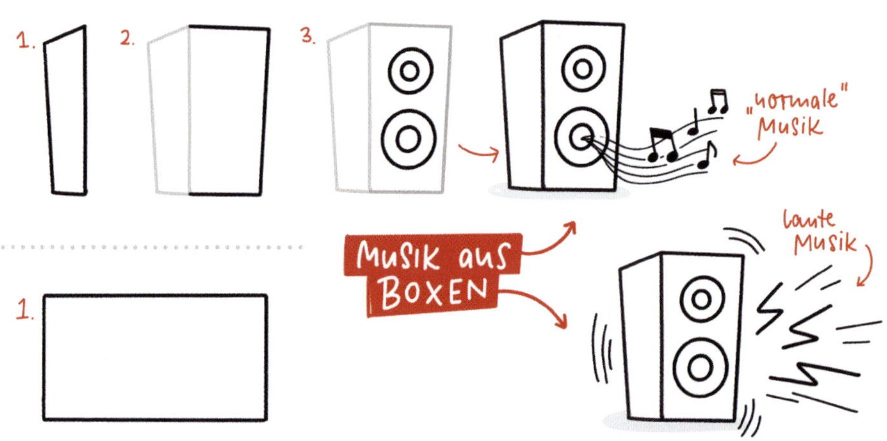

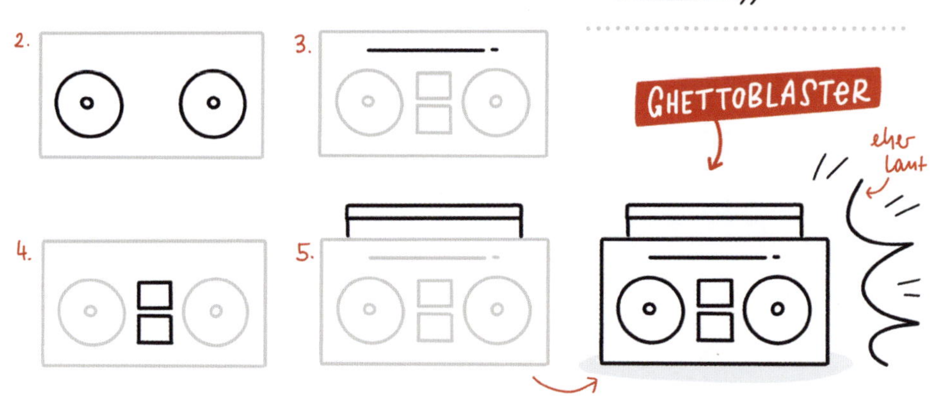

MUSIK

MUSIK HÖREN

MUSIK

Singen

MUSIK

GITARRE

für → natürlich: Musik, musizieren am Lagerfeuer (Ferien)
Kindergarten etc.

einfach

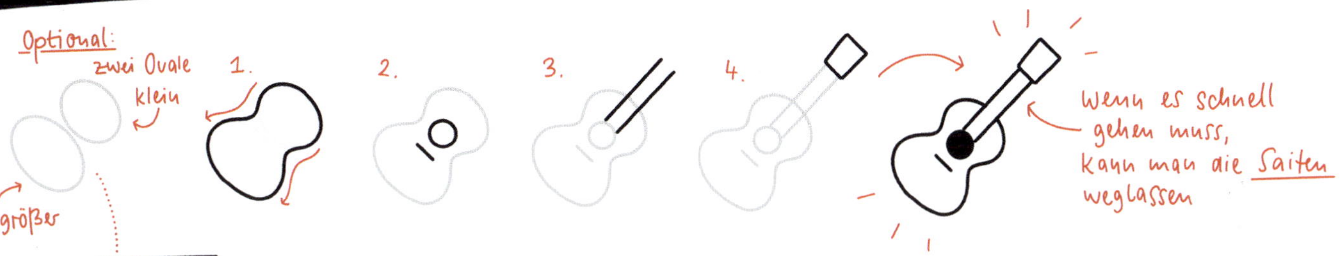

KOMPLEXER

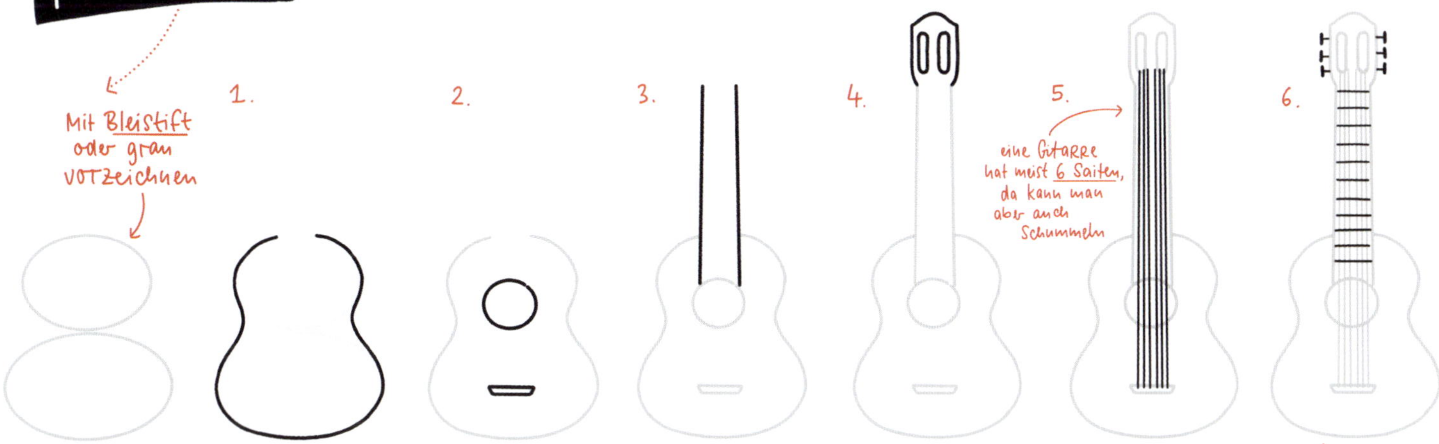

VARIANTEN

TROMMEL / SCHLAGZEUG → für → LÄRM, LAUTSTÄRKE, auch: RHYTHMUS

einfach

KOMPLEXER

VARIANTEN

MUSIK

KLAVIER → für → KLASSISCHE MUSIK

einfach

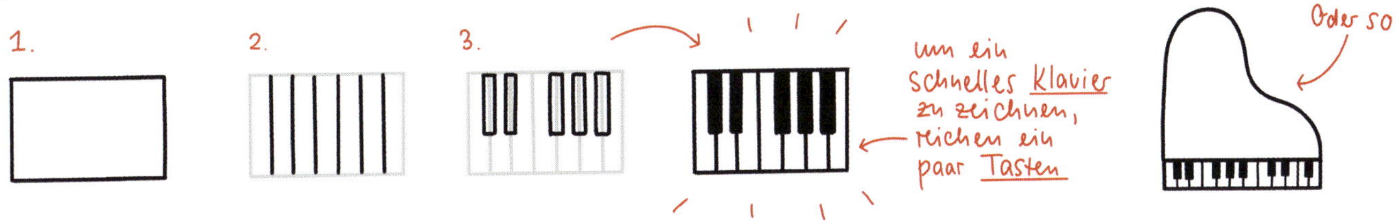

KOMPLEXER

Ein Flügel ist ein wenig komplizierter...

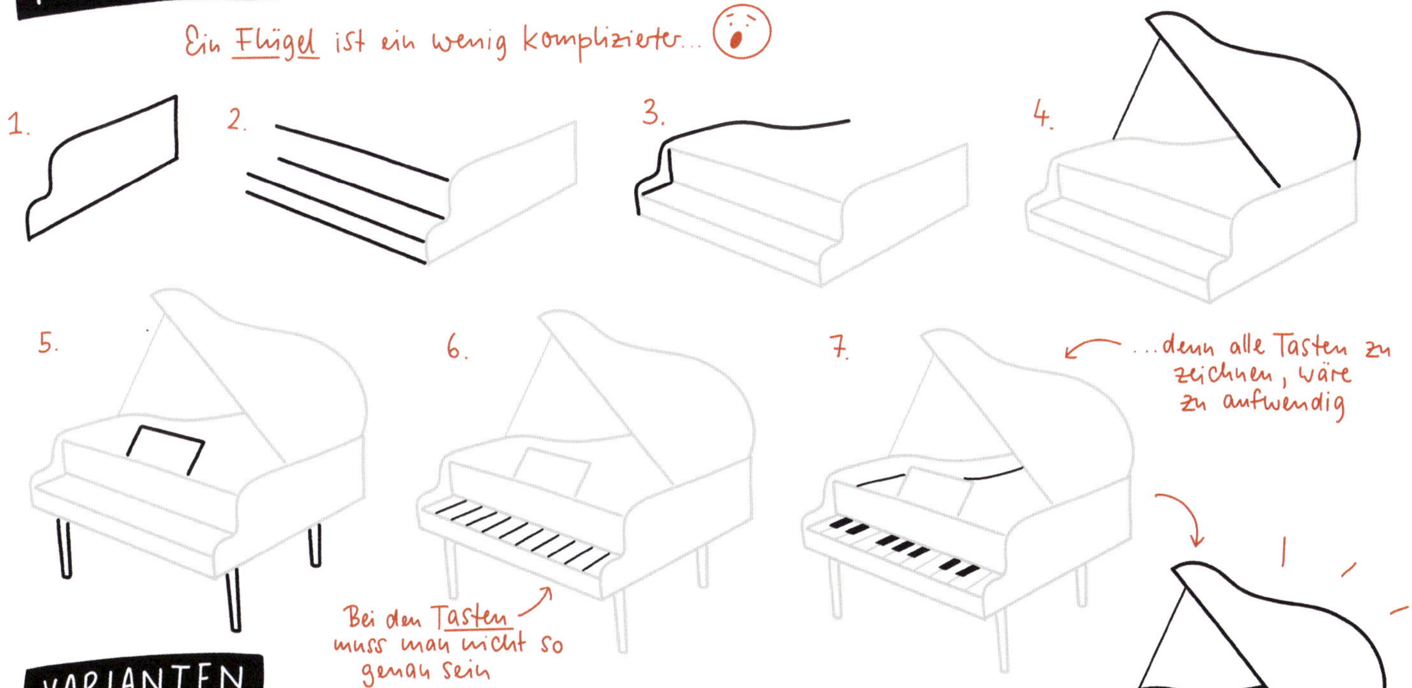

VARIANTEN

Streichinstrumente

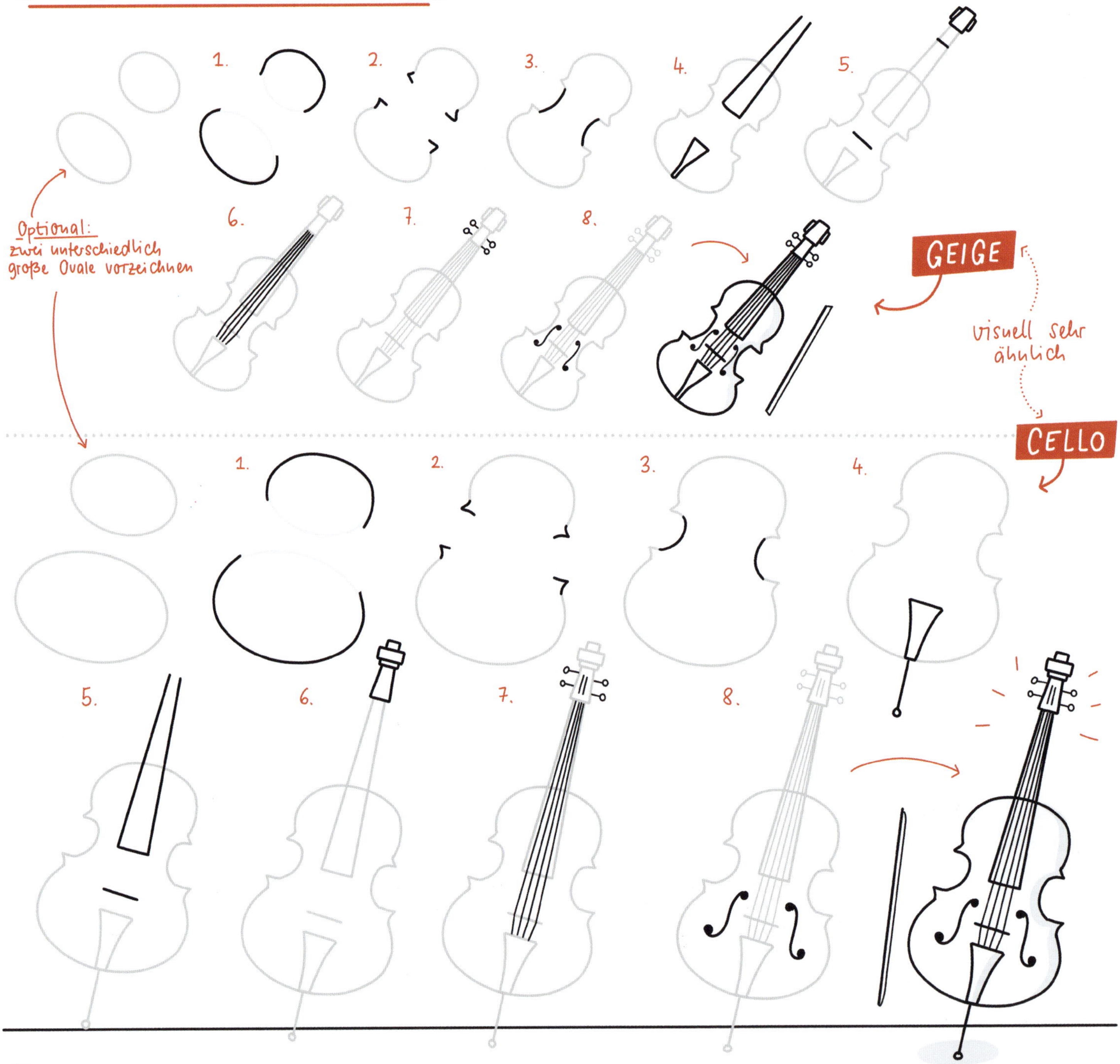

MUSIK

BLASINSTRUMENTE

TROMPETE

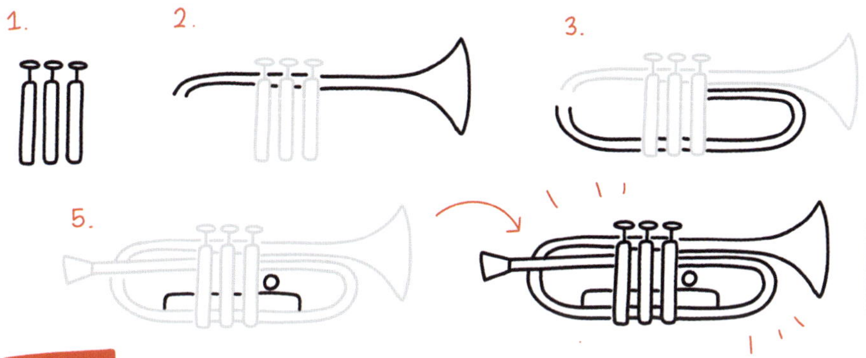

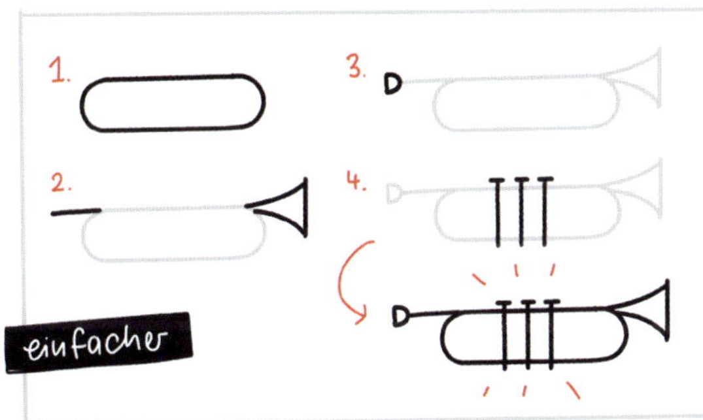

TUBA

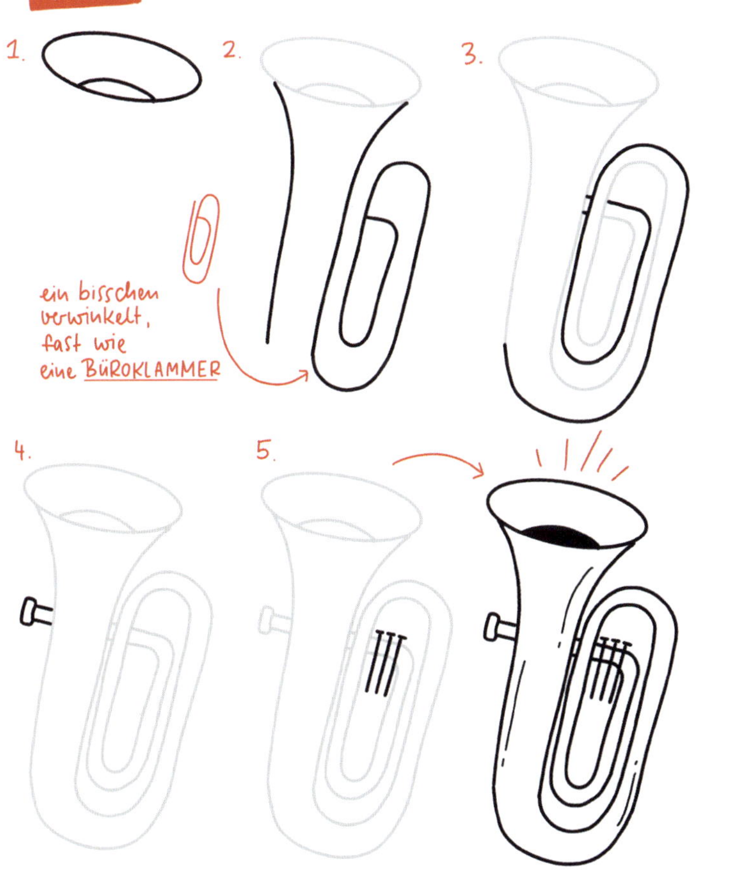

SAXOPHON

Sonstige INSTRUMENTE

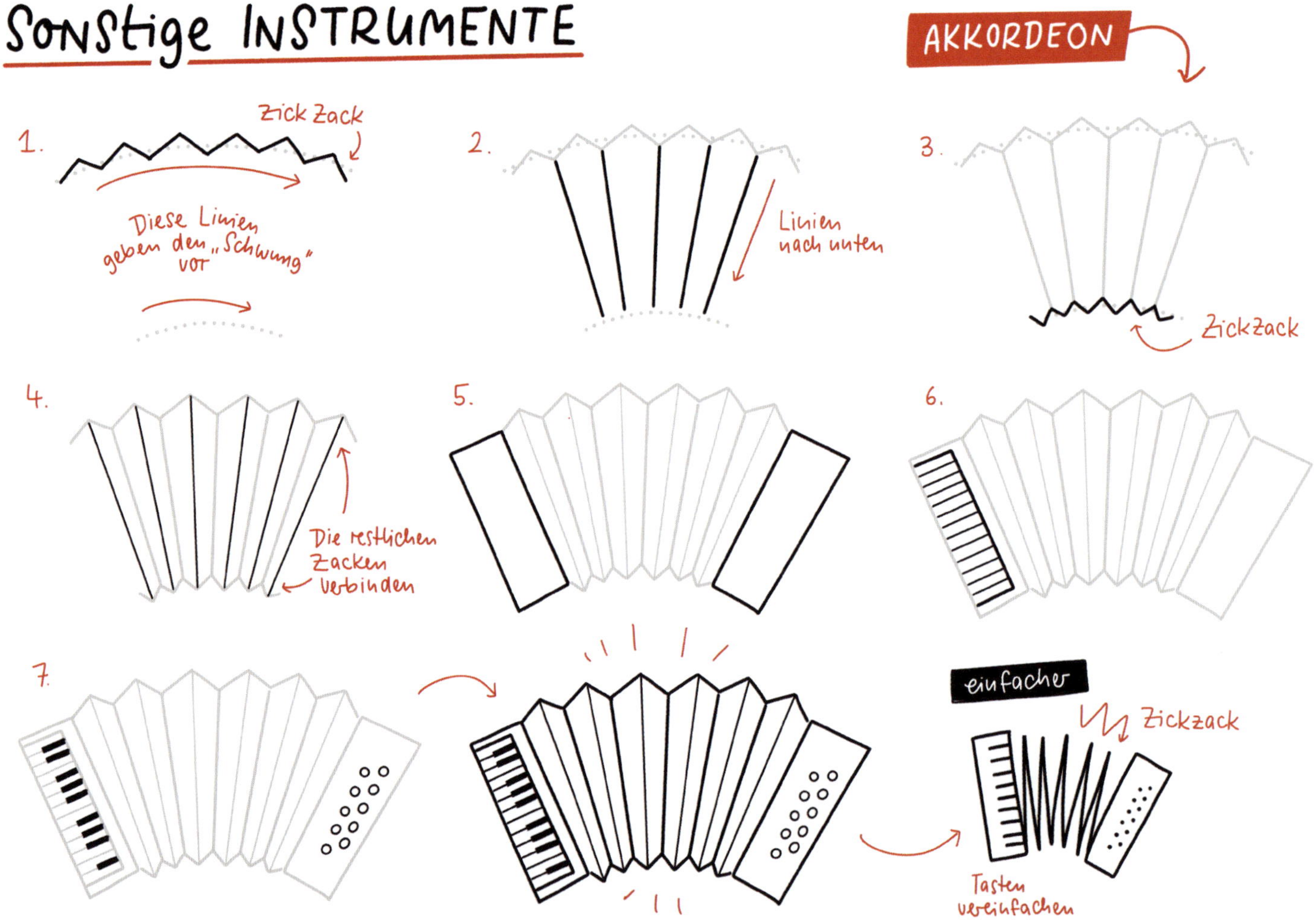

INSTRUMENTE SPIELEN

mehr FIGUREN & MENSCHEN

Figuren & Menschen

Positive Gefühle

Für das Darstellen von Gefühlen reichen eigentlich die Gesichter aus. Siehe Band 1 Seite 123
Um die Figur noch ausdrucksstärker zu machen, kann man den (Ober-) Körper ergänzen.

FIGUREN & MENSCHEN

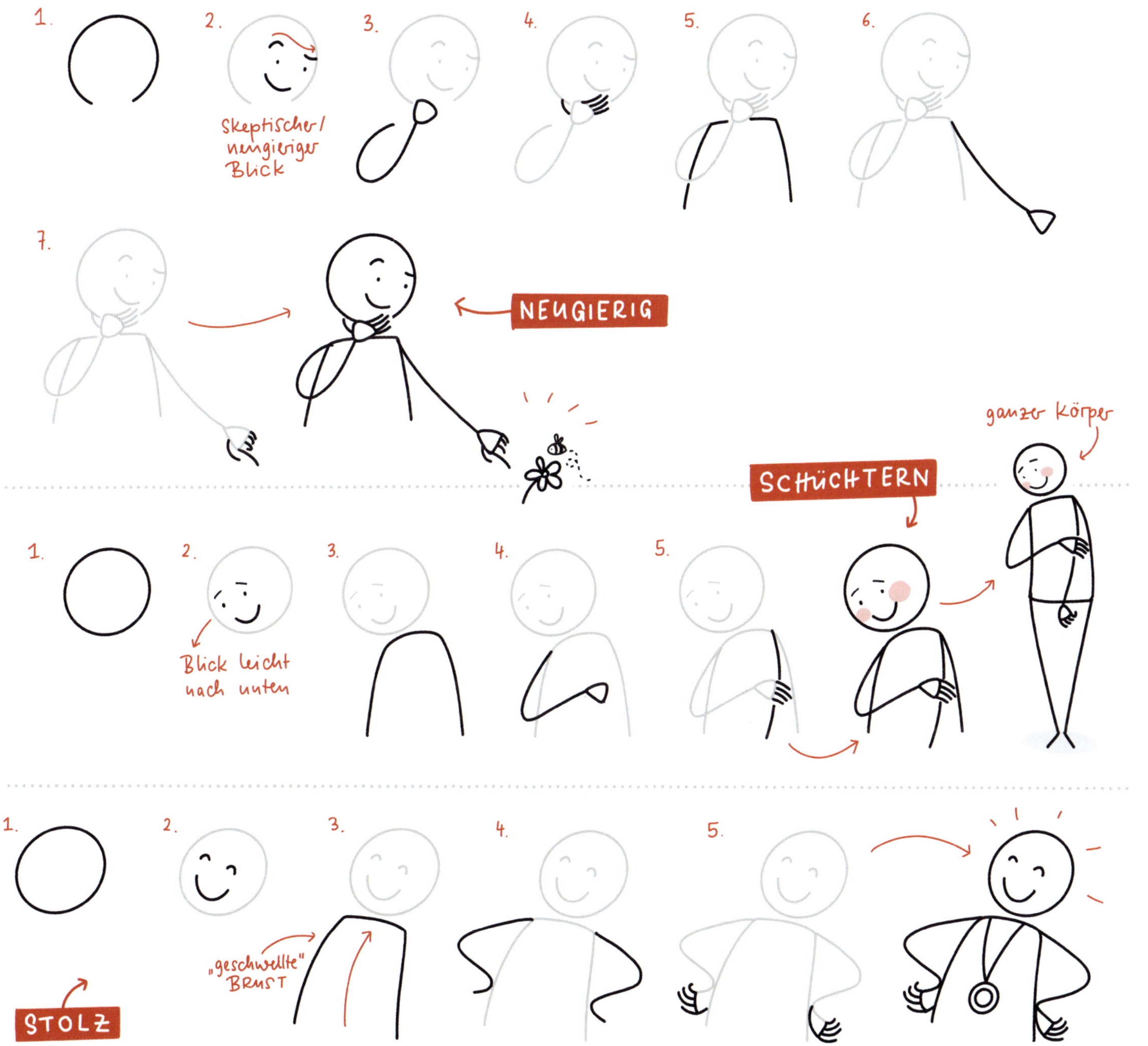

FIGUREN & MENSCHEN

Figuren & Menschen

Negative Gefühle

FIGUREN & MENSCHEN

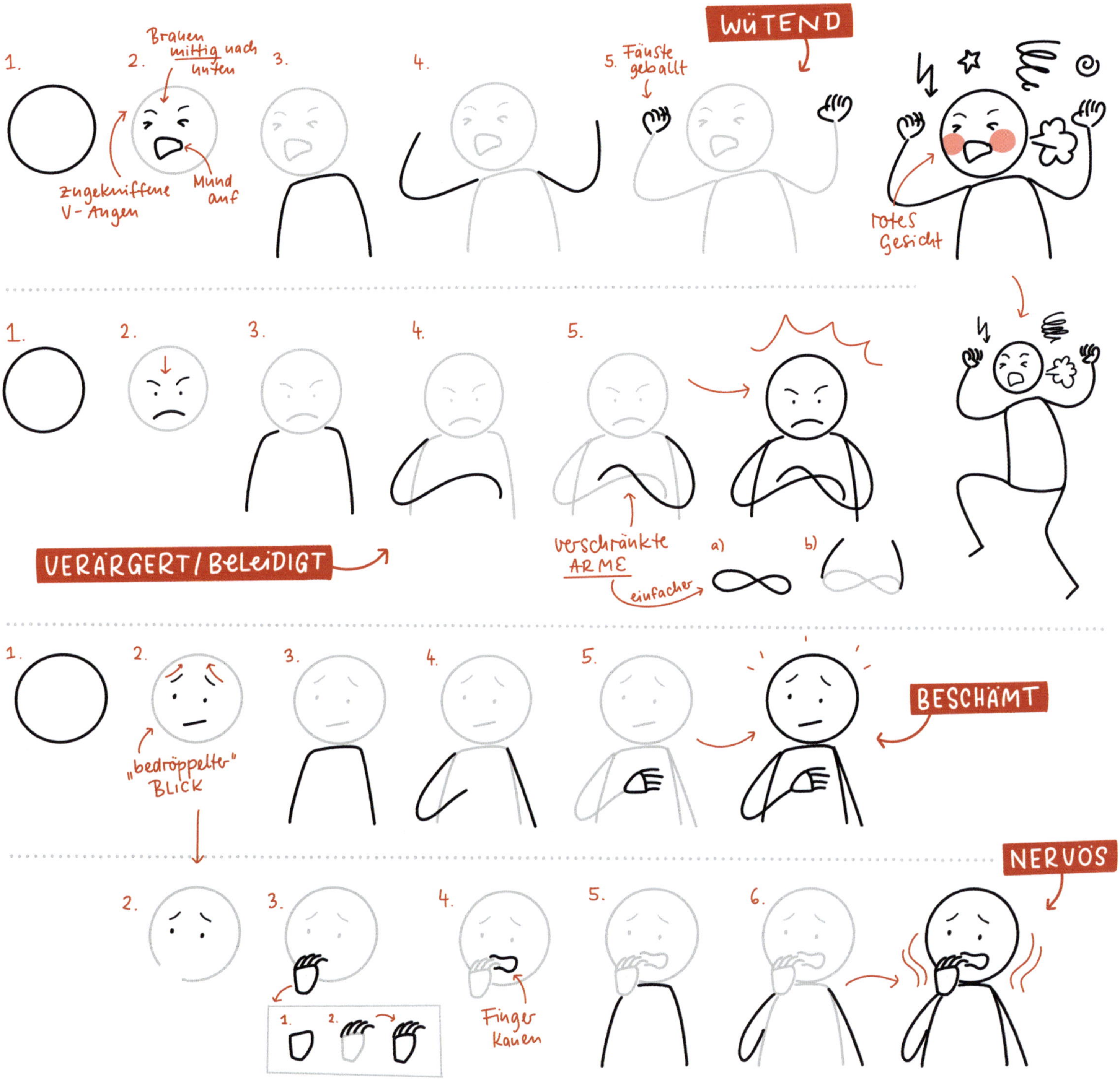

Figuren & Menschen

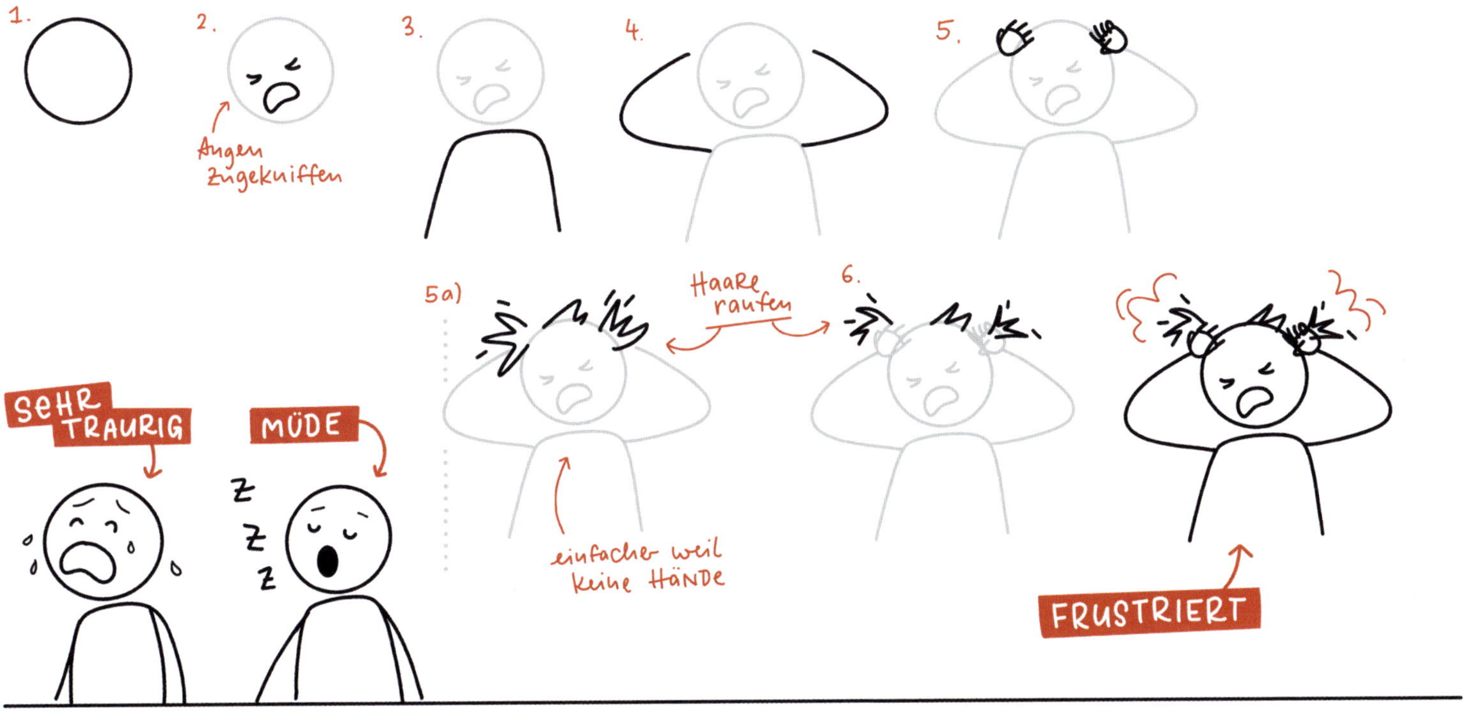

Noch mehr Gefühle

Gefühlsbarometer

Gefühle in Interaktionen

FIGUREN & MENSCHEN

Figuren ausarbeiten

1. Figuren als Strichfiguren vorzeichnen

2. Figuren „verstärken", also paralle Linien um die Strichfiguren zeichnen. Details (z.B. Schuhe) ausarbeiten

3. Hier braucht man Hände (braucht man bei Strichfiguren meist nicht)

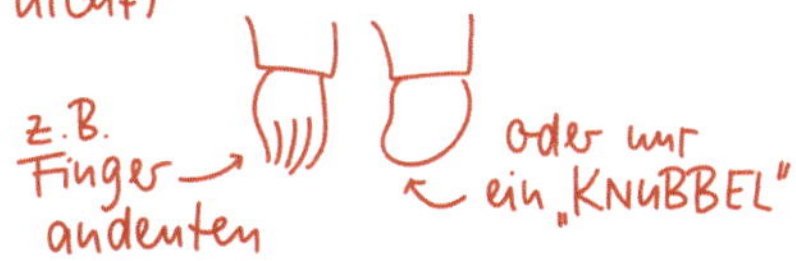

4. Andere Figur ausarbeiten ⟶ 5.

Figuren ausarbeiten – Frisuren

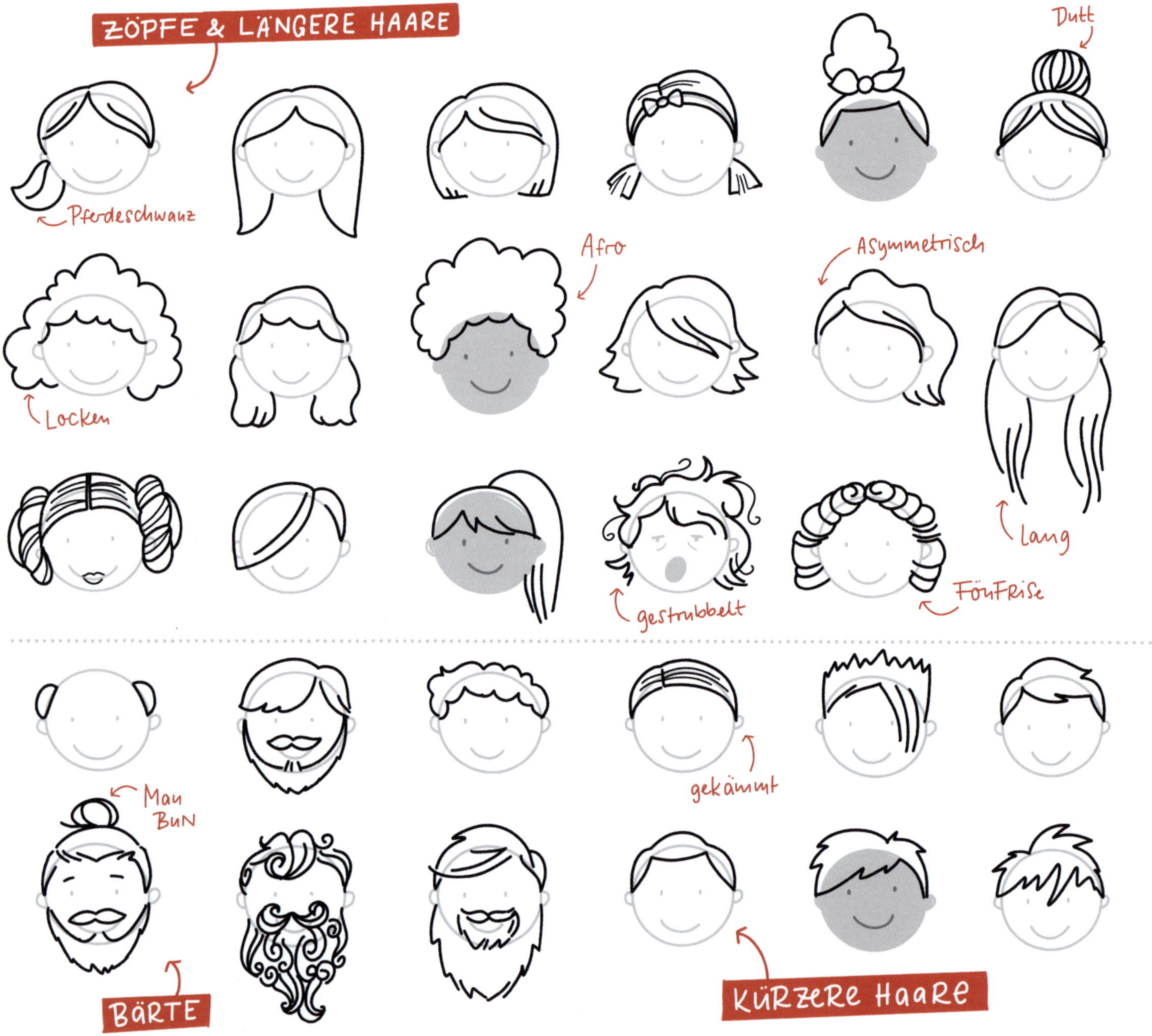

Brillen & Kopfbedeckungen

TIPP

1. Brille immer zuerst zeichnen
2. Dann Augen rein, weil es sonst schnell nach schielen aussieht

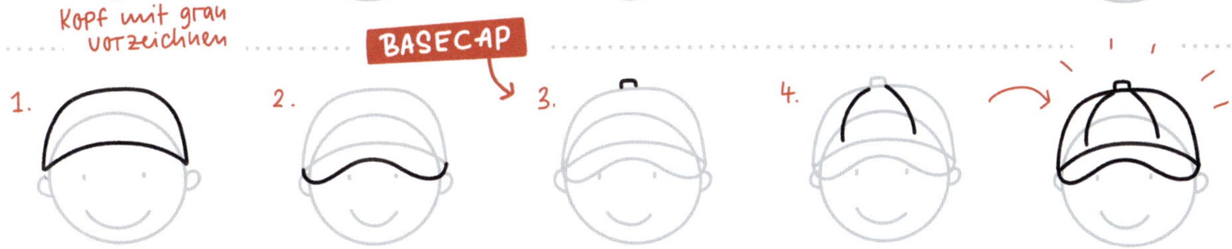

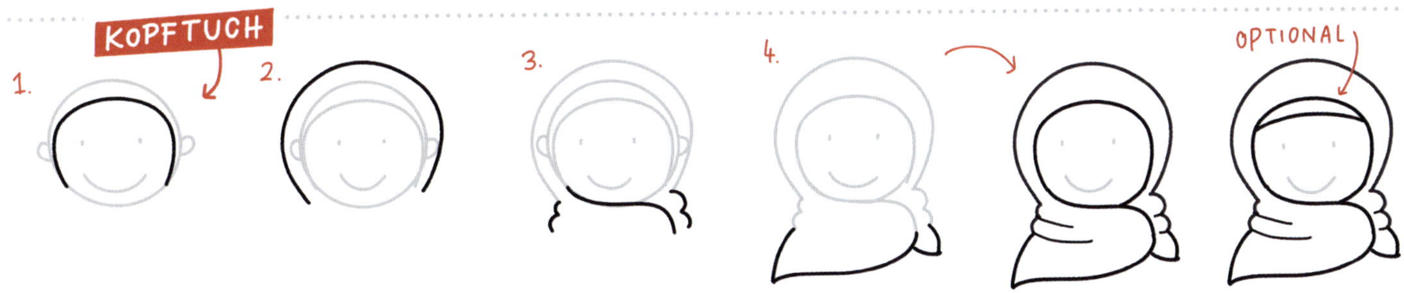

Charaktere & Typen

VAMPIR → für → Blutsauger, Halloween, Unsterblichkeit

einfach

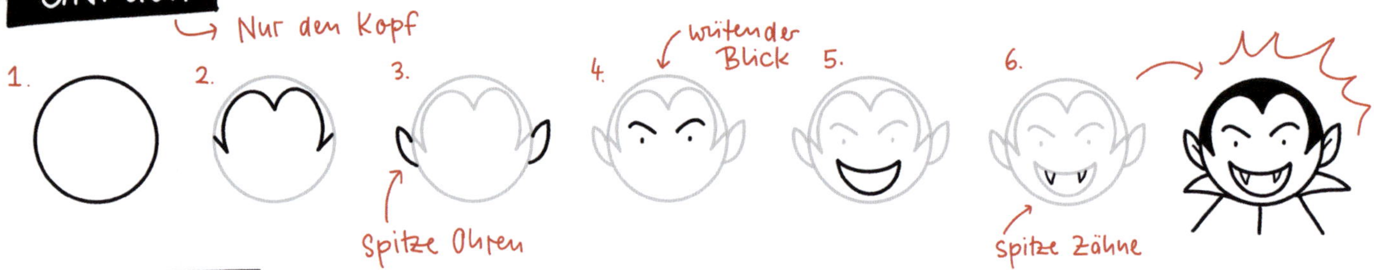

KOMPLEXER

VARIANTEN

CHARAKTERE & TYPEN

HEXE → für → Zauberkräfte, Märchen, Boshaftigkeit, Halloween

einfach

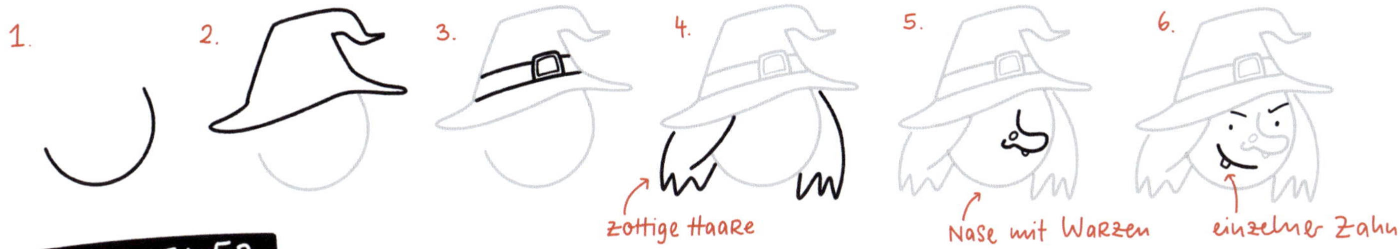

KOMPLEXER

VARIANTEN

CHARAKTERE & TYPEN

FRANKENSTEINS MONSTER → für → Halloween, Kreatur, Künstlicher Mensch

einfach

KOMPLEXER

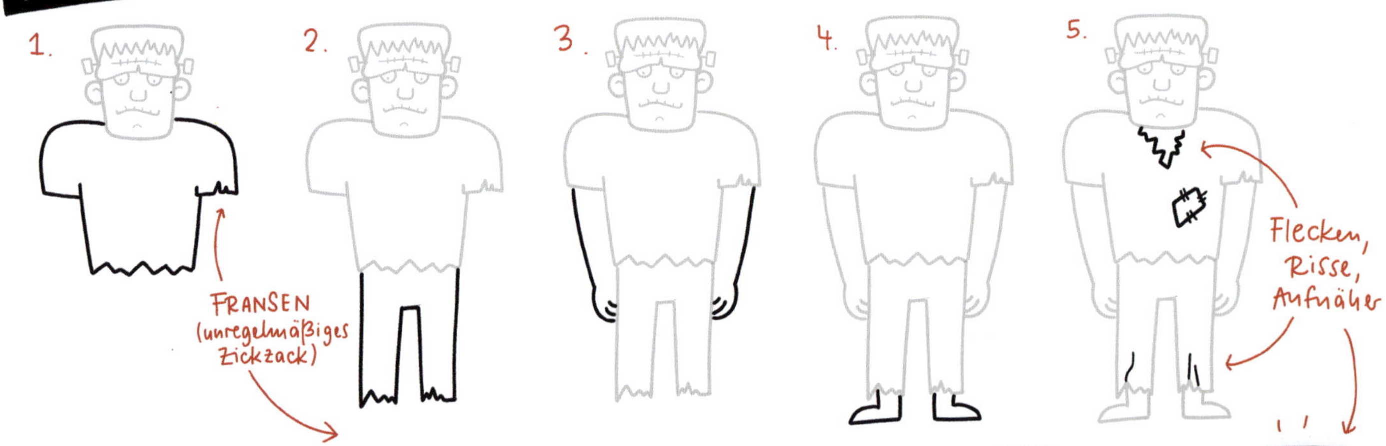

VARIANTEN

ZAUBERER → für → Magie, Zaubern, Zaubertricks

einfach

KOMPLEXER

VARIANTEN

TEUFEL → für → Böse, Hölle

einfach

KOMPLEXER

CHARAKTERE & TYPEN

ENGEL *für* das Gute, Glauben, Weihnachten

einfach

VARIANTEN

CHARAKTERE & TYPEN

KÖNIG → für → Macht, Kunde

einfach

KOMPLEXER

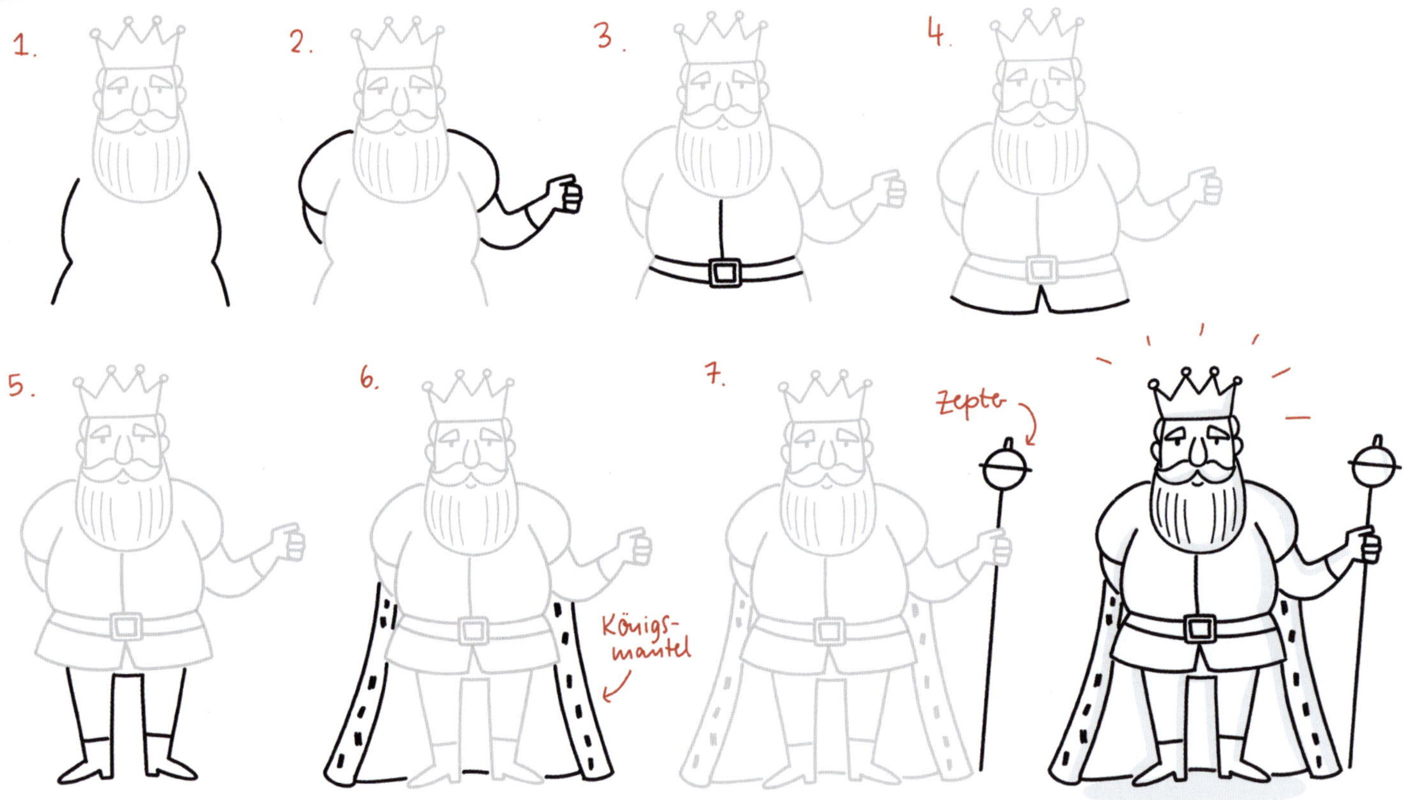

CHARAKTERE & TYPEN

KÖNIGIN

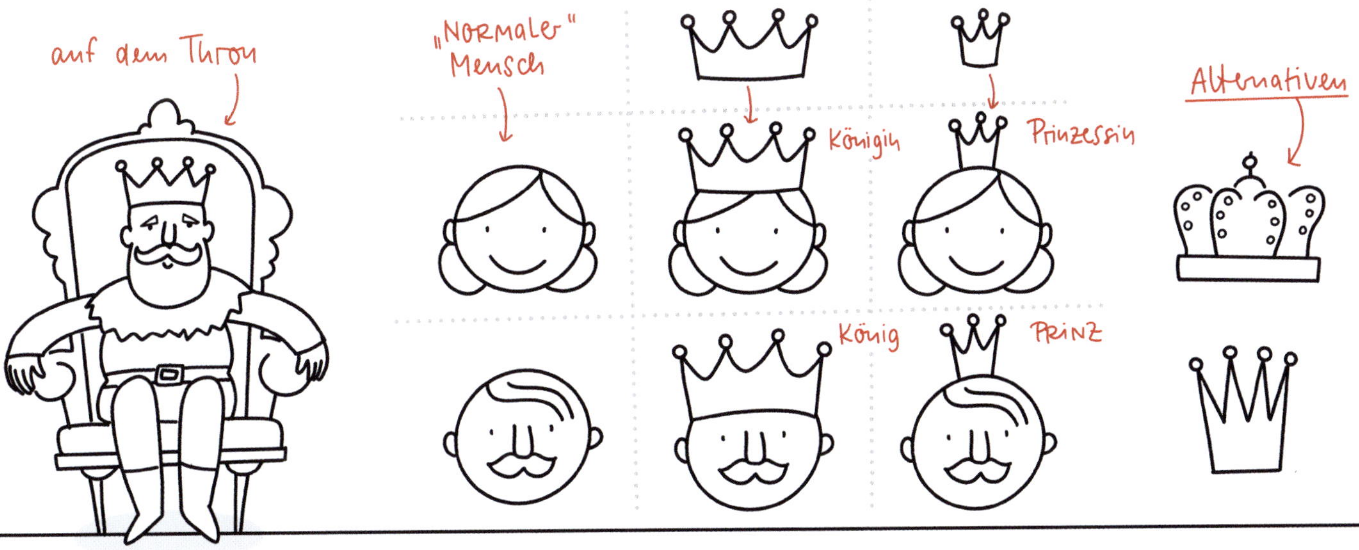

CHARAKTERE & TYPEN

Ritter → für → Kämpfen, Mittelalter

einfach

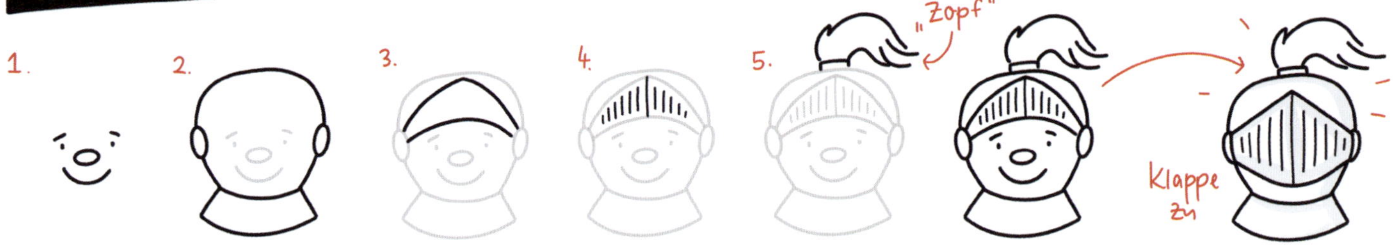

KOMPLEXER

VARIANTEN

CHARAKTERE & TYPEN

CLOWN → für → Spaß, Freude, Lachen

einfach

KOMPLEXER

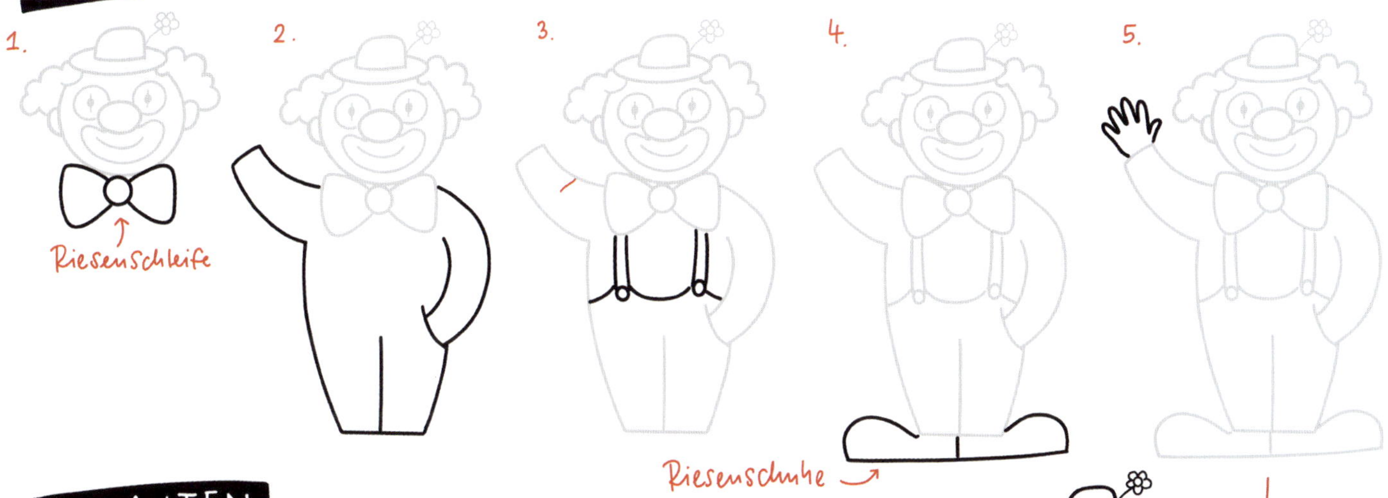

VARIANTEN

CHARAKTERE & TYPEN

Detektiv → für → Suchen, auch: Finden, Recherche

einfach

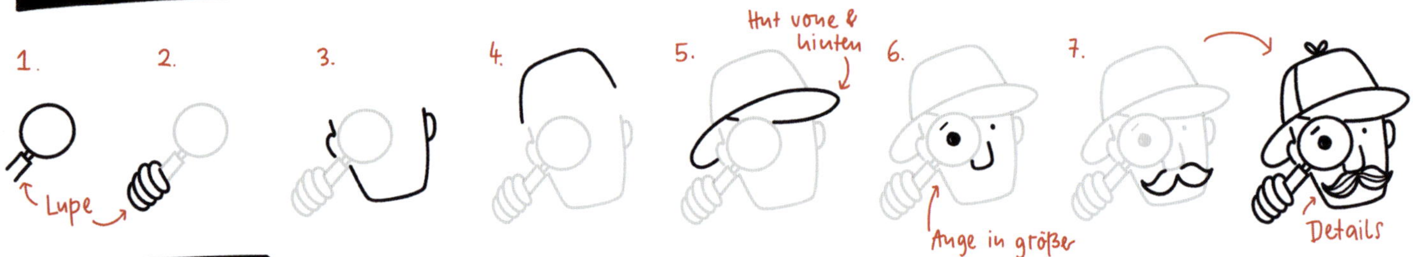

KOMPLEXER

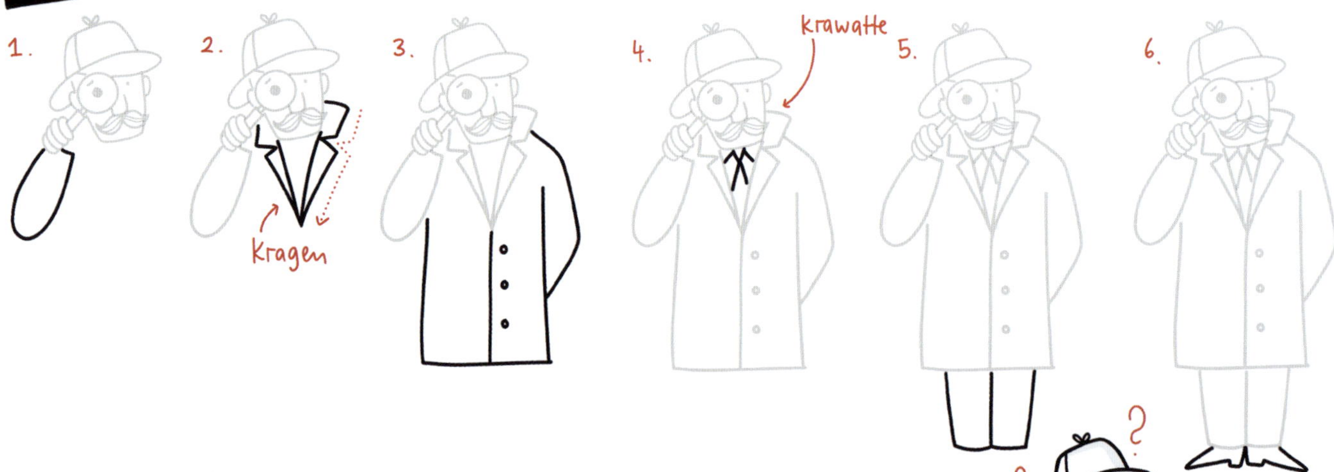

VARIANTEN

CHARAKTERE & TYPEN

PIRAT → für → Diebstahl, auch: illegale Downloads (Internetpiraterie)

einfach

KOMPLEXER

VARIANTEN

MEERJUNGFRAU → für → WASSER, auch: VERFÜHRUNG, MEER

einfach

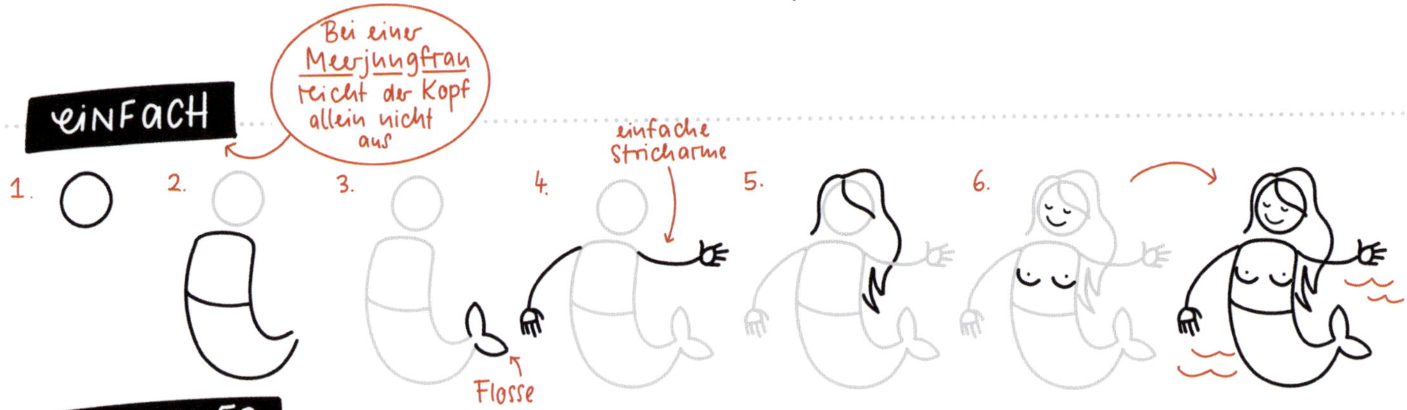

KOMPLEXER

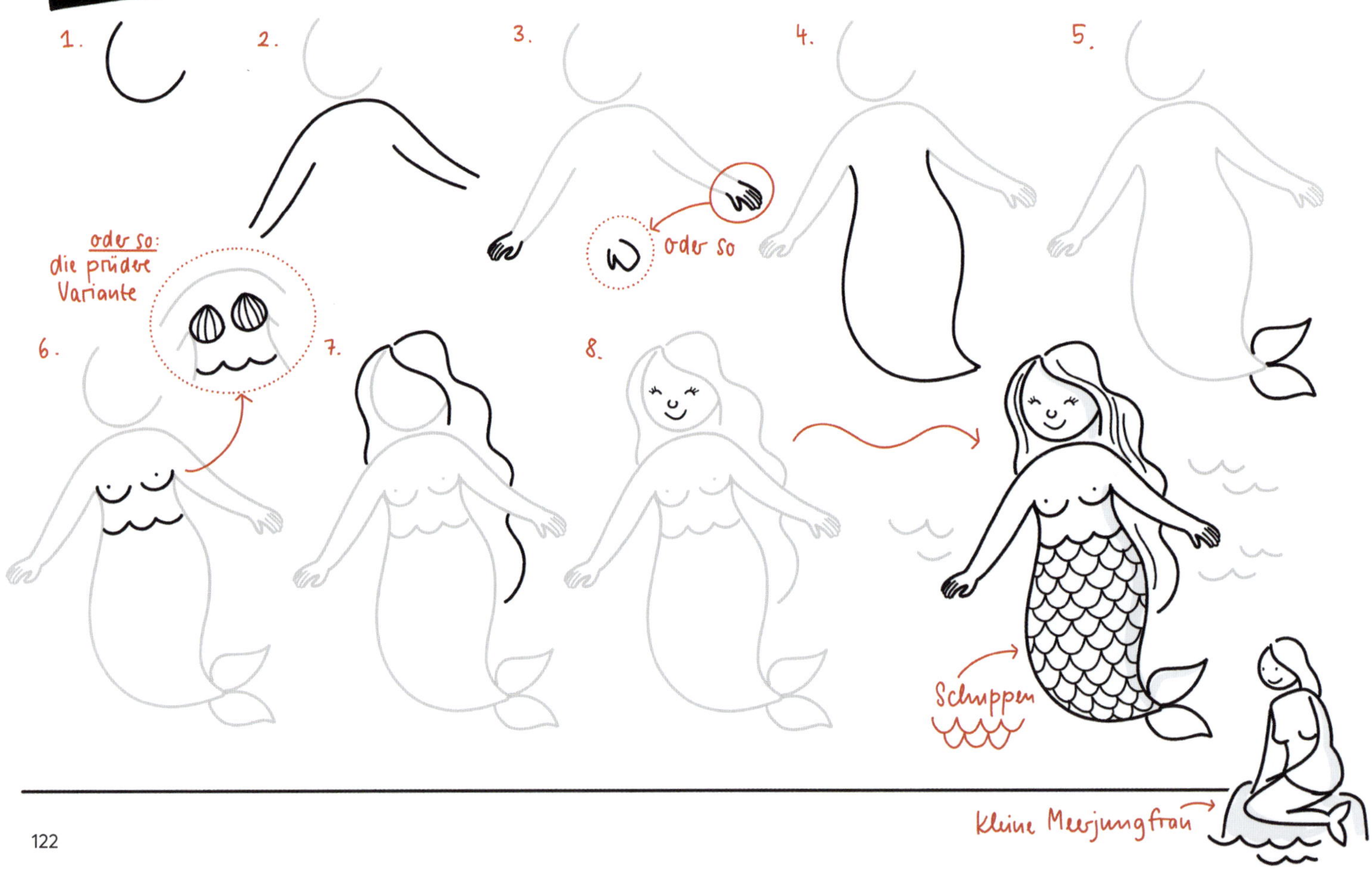

Fee → für → Wunder, Zauber, auch: Zahnfee, Putzfee

einfach

komplexer

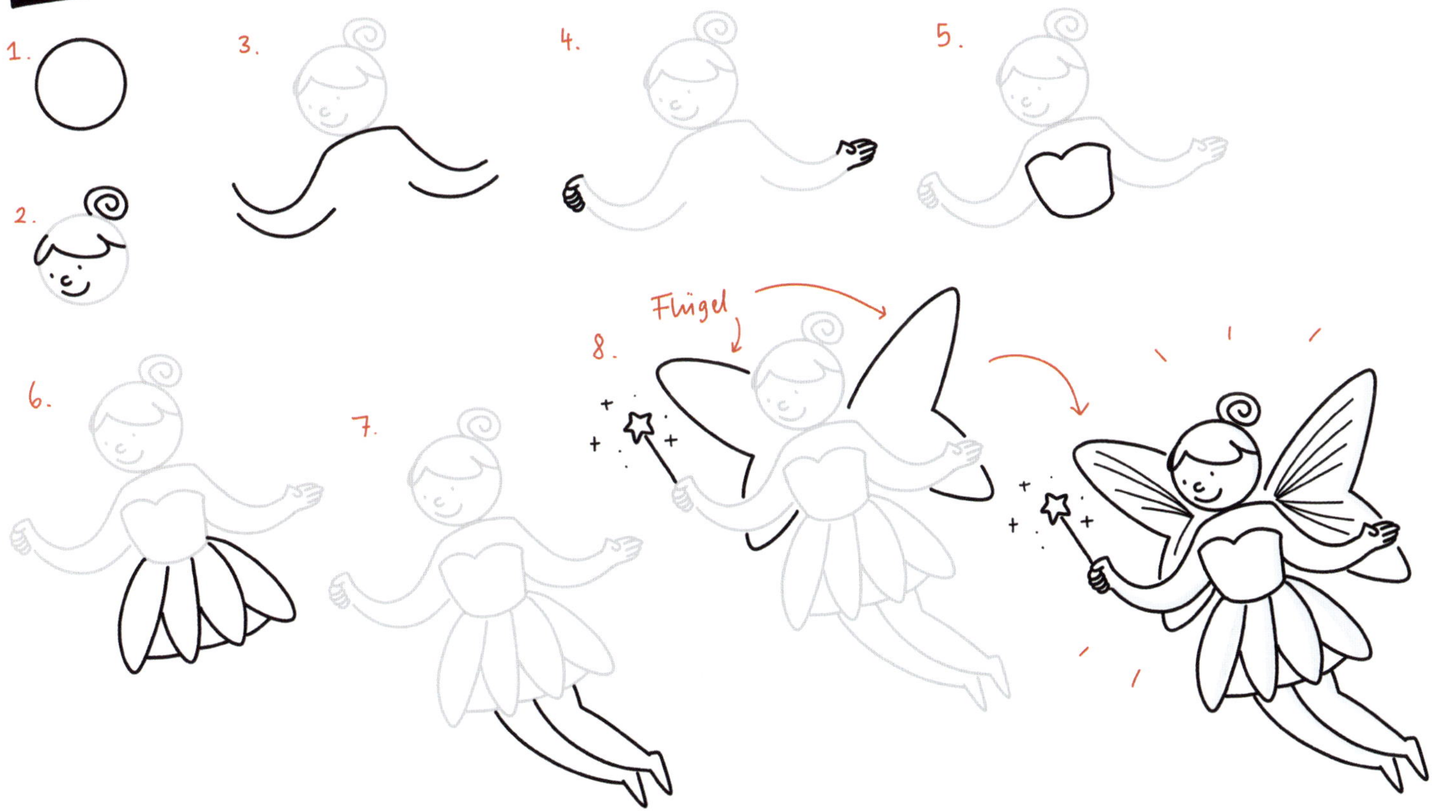

MONSTER für Angst, Alpträume

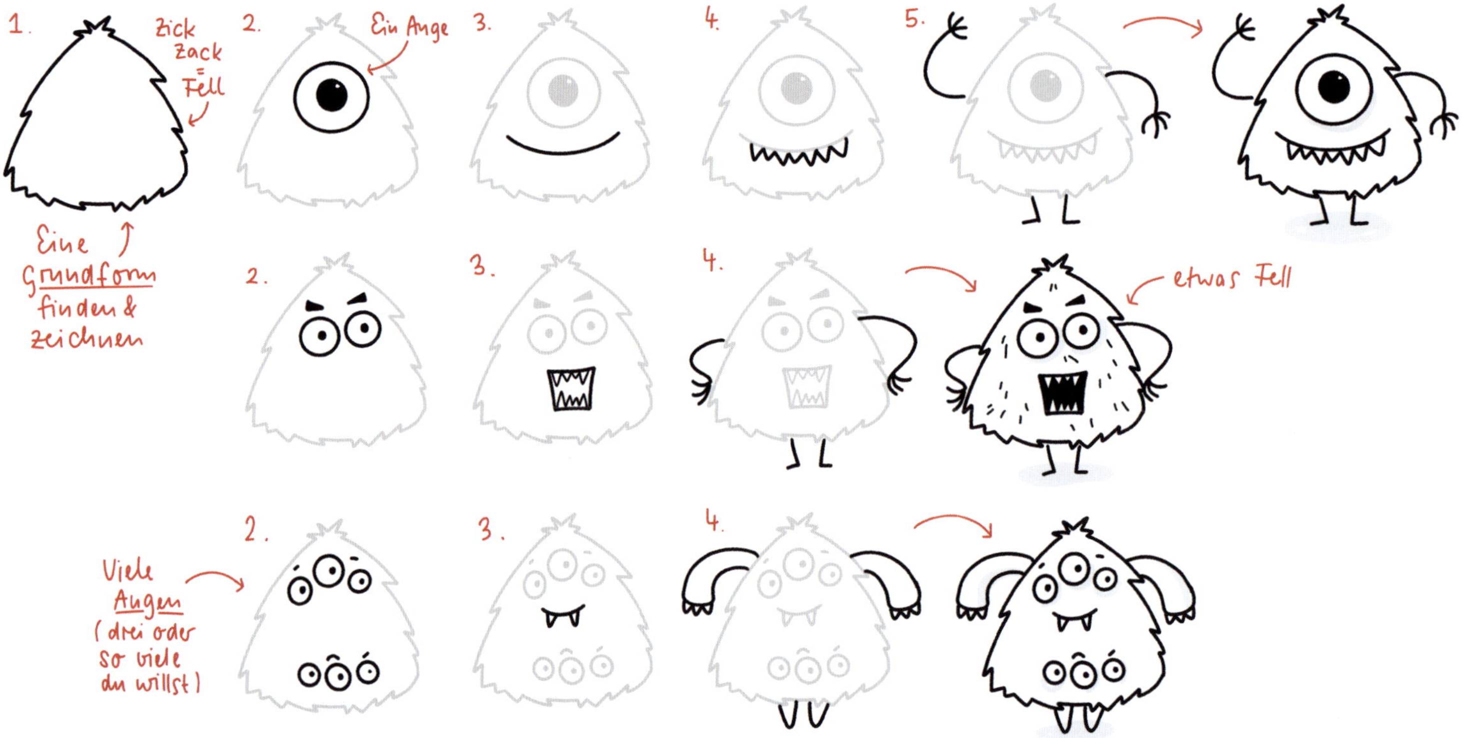

BUCHSTABEN & Lettering

Auf den folgen Seiten findest du ein paar Alphabet-VORLAGEN, die sich für Sketchnotes eignen.

BUCHSTABEN & LETTERING

BLOCKSCHRIFT

SERIFENSCHRIFT

GROSSBUCHSTABEN

alternative Buchstaben

A A B C D D E F G G H H I

Mehr Bewegung

Serifen hier

J J K K L M M N O P

hier keine Serife

Q Q R R R S S S T U U

V W X X Y Y Z

Kleinbuchstaben

a a a b c d e f g g g h h

ohne Serife

„Kugel"

i j j k k l l m n o p q r r

Serife

s s t t u u v w w x y y z

ß ß ö ä Ü

„Kugel"

Umlaute

BUCHSTABEN & LETTERING

BRUSH PEN BLOCKSCHRIFT

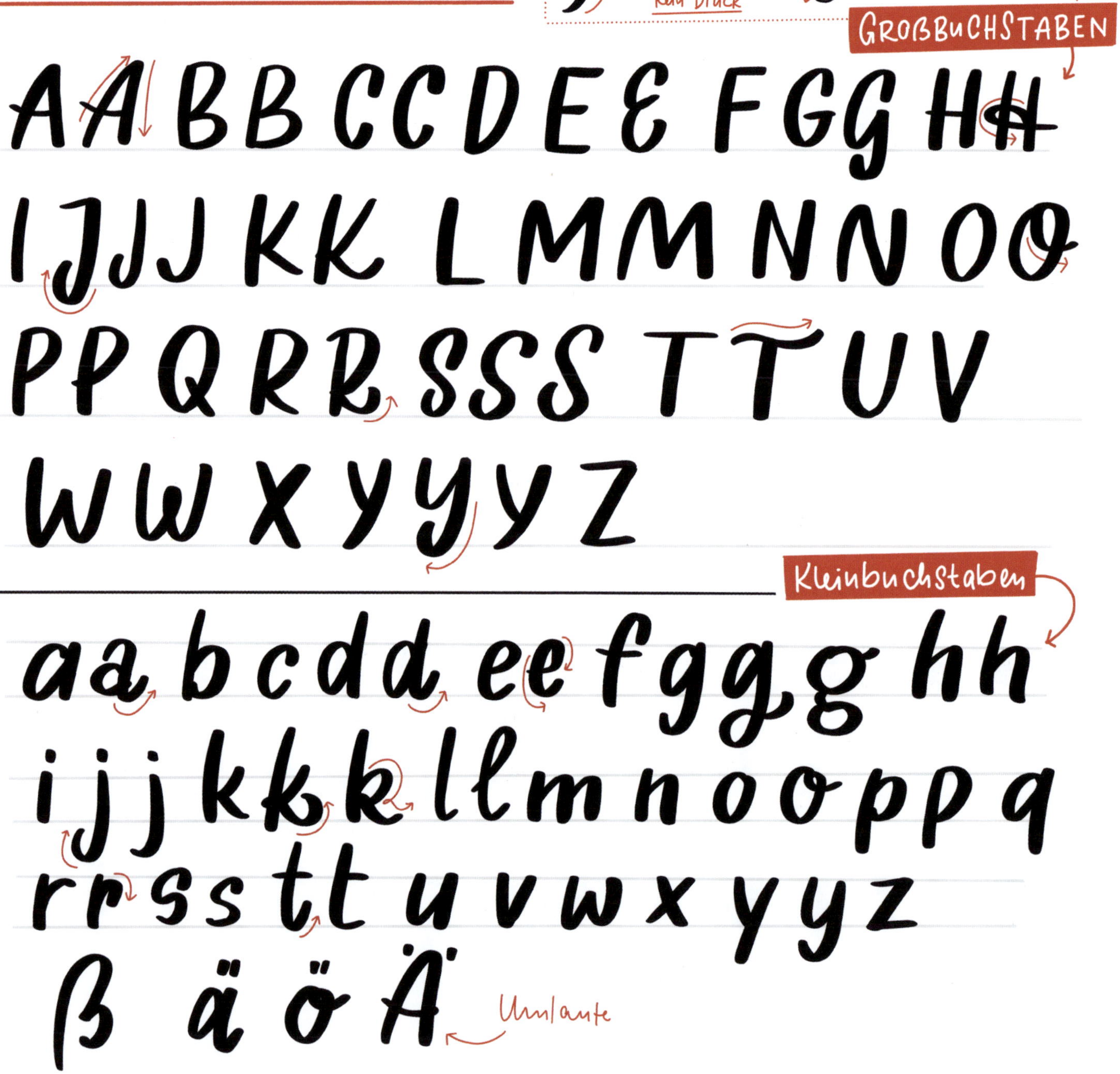

MONOLINE HANDSCHRIFT

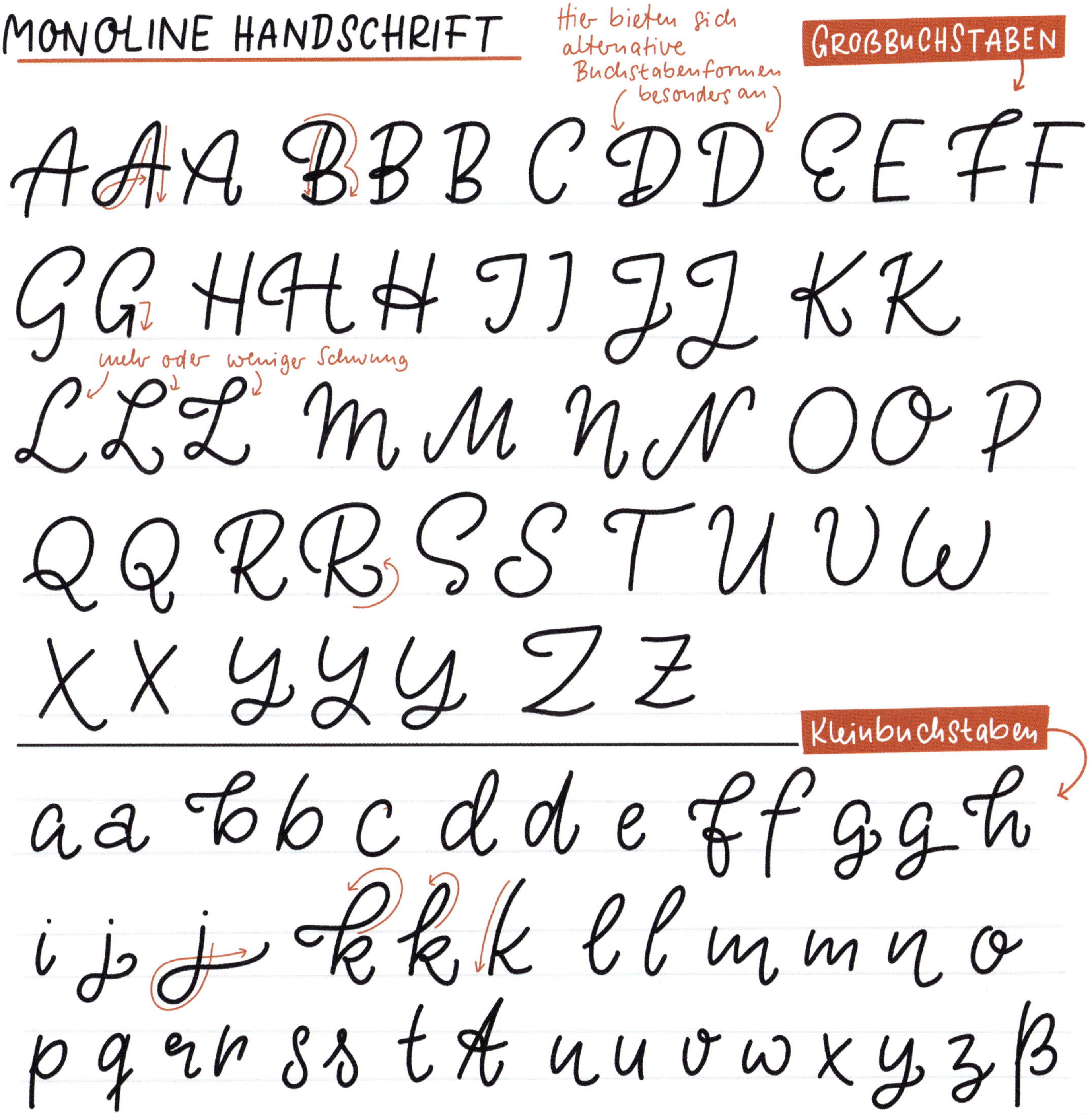

BUCHSTABEN & LETTERING

ANWENDUNGSBEISPIELE: Überschriften

Du kannst *verschiedene Stile* mischen, um z.B. Überschriften interessanter zu gestalten. Hier findest du ein paar Beispiele.

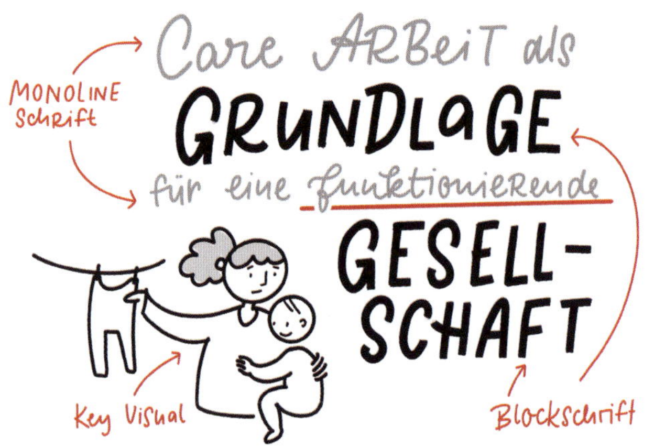

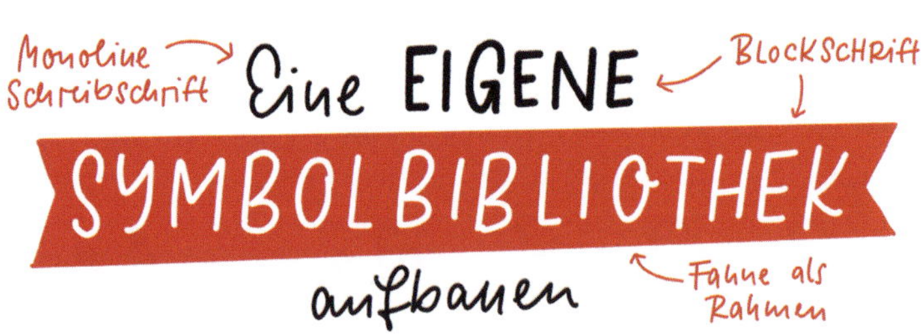

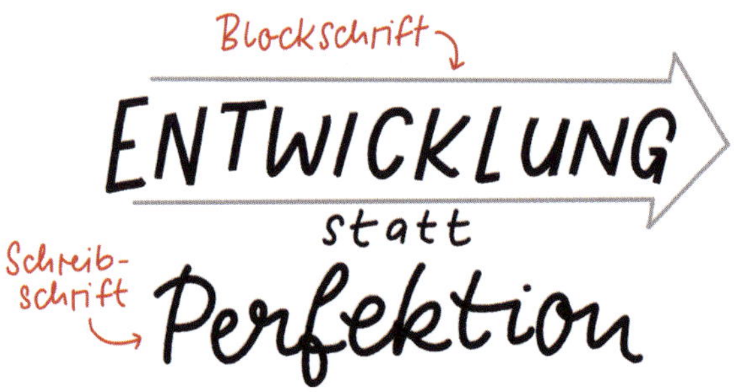

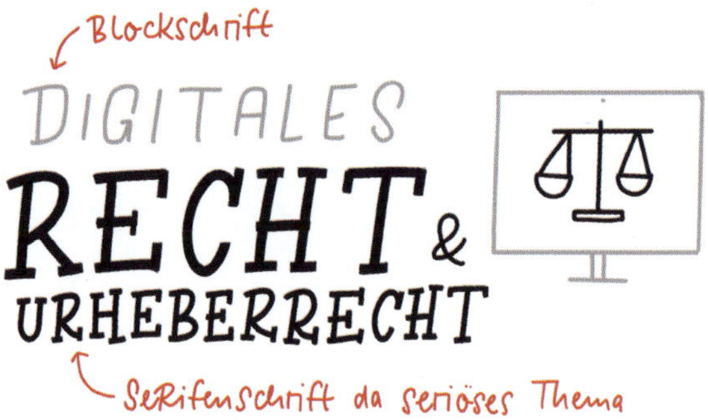

ANWENDUNGSBEISPIELE: Teaser & Rahmen

INDEX

BUCHEMPFEHLUNGEN FÜR DICH

Noch mehr kreative Bücher zum gleichen Thema gesucht?

ISBN 978-3-7724-4689-4

ISBN 978-3-7724-4688-7

ISBN 978-3-7724-4788-4

ISBN 978-3-7358-8015-4

ISBN 978-3-7724-8380-6

ISBN 978-3-7724-4727-3

ISBN 978-3-7724-8315-8

ISBN 978-3-7724-4791-4

Noch mehr Kreativ-Bücher findest Du auf www.TOPP-kreativ.de

VON NADINE ROẞA SIND AUSSERDEM ERSCHIENEN:

ISBN 978-3-7724-8389-9

ISBN 978-3-7724-8358-5

ISBN 978-3-7724-8246-5

ISBN 978-3-7358-8073-4

GTIN 4007742181680

#TOPPPROJEKT

Die eigene Kreativität zeigen: TOPPprojekt mit anderen Kreativen teilen und Teil der Gemeinschaft werden.

DIY-begeistert und auf Instagram? Dann unbedingt mitmachen! Hier gibt's Tipps und Feedback zu den eigenen Projekten. Außerdem verlosen wir jeden Monat ein Überraschungspaket. Um am Gewinnspiel teilzunehmen, einfach ein Bild vom Kreativ-Projekt aus unseren Büchern mit #TOPPprojekt posten und unserem Account @frechverlag folgen. Mehr Infos auf TOPP-kreativ.de/TOPPprojekt

Webseite
Auf TOPP-kreativ.de gibt ein riesiges Angebot von über 1.000 Kreativbüchern, Sets & mehr zu entdecken.

Newsletter
Immer als Erstes von von unseren Neuheiten und Sonderaktionen erfahren: TOPP-kreativ.de/newsletter

Instagram
@frechverlag

Pinterest
pinterest.com/frechverlag

Facebook
facebook.com/frechverlag

DigiBib
Hier gibt es zusätzlich zu einigen unserer Bücher digitale Extras, wie Video-Tutorials, Plotter-Dateien, Vorlagen, Übungsblätter & vieles mehr. Einfach im Impressum eines TOPP-Buchs nachschauen, ob dort ein Code vorhanden ist und exklusive Inhalte freischalten TOPP-kreativ.de/digibib

Youtube
youtube.com/frechverlag

WER WIR SIND, WIE WIR ARBEITEN, WAS WIR LIEBEN ...

Mehr über uns und unsere Arbeit und immer mit den neuesten Informationen versorgt schnell und einfach über auf Instagram, Facebook und Pinterest.

Alle News, alle Infos und alle Links findest du auf www.TOPP-kreativ.de

Nadine Roßa lebt und arbeitet als Designerin und Illustratorin in Berlin. Nachdem sie während der New Economy als Screen-Designerin in Köln gearbeitet hat, hat sie in Berlin und Helsinki Kommunikationsdesign studiert. Seitdem ist sie als Visualisierung-Expertin mit einer Vorliebe für Illustration tätig und hilft allen, die im Beruf oder privat mit Visualisierung und »Gekritzel« schnelle Ergebnisse erzielen und ihre Ideen visuell aufbereiten wollen.

Vor einigen Jahren begegnete sie auf einer Konferenz Sketchnotes und ist seitdem begeisterte Sketchnoterin. Sie gründete das Label »Sketchnote Love« und gibt Workshops zu Sketchnotes und Visualisierung.

Du findest Nadine Roßa unter:

www.sketchnote-love.com
www.sketchnote-buch.de
www.nadine-rossa.de

@nadrosia

@nadrosia

Kreativ Hotline

Hilfestellung zu allen Fragen, die Materialien und Bücher zu kreativen Hobbys betreffen: Wir beraten Sie!
Rufen Sie an oder schreiben Sie eine E-Mail!
Telefon: 07 11 / 12 37 57 20*

*normale Telefongebühren

E-Mail: mail@kreativ-service.info

Impressum

MIX
Paper from responsible sources
FSC® C084698
FSC www.fsc.org

Penguin Random House Verlagsgruppe
FSC® N001967

ILLUSTRATIONEN UND TEXTE: Nadine Roßa
PRODUKTMANAGEMENT UND LEKTORAT: Lisa-Marie Weigel
HERSTELLUNG: Heike Köhl
DRUCK UND BINDUNG: PNB Print Ltd, Lettland

2. Auflage 2024

ISBN 978-3-7358-8000-0 • Best.-Nr. 28000